国家古籍整理出版专项经费资助项目
『十四五』国家重点图书出版规划项目

# 山东出土汉画像石题记汇释

胡广跃 编著

陕西新华出版
陕西人民美術出版社

**图书在版编目（CIP）数据**

山东出土汉画像石题记汇释 / 胡广跃编著. -- 西安:
陕西人民美术出版社, 2023.3（2025.3重印）
ISBN 978-7-5368-3995-3

Ⅰ. ①山… Ⅱ. ①胡… Ⅲ. ①画像石—题跋—山东—
汉代 Ⅳ. ①K879.42

中国国家版本馆CIP数据核字(2023)第057597号

**责任编辑** 高立民 王 敏
**责任校对** 王 琳
**装帧设计** 建明文化

SHANDONG CHUTU HAN HUAXIANGSHI TIJI HUISHI
**山东出土汉画像石题记汇释**

胡广跃 编著

**出版发行** 陕西人民美术出版社
**地　　址** 陕西省西安市雁塔区登高路1388号
**邮政编码** 710061
**经　　销** 新华书店
**印　　刷** 西安市建明工贸有限责任公司
**规　　格** 787mm × 1092mm 1/8
**印　　张** 36
**字　　数** 324千字
**版 印 次** 2023年3月第1版 2025年3月第2次印刷
**书　　号** ISBN 978-7-5368-3995-3
**定　　价** 880.00元

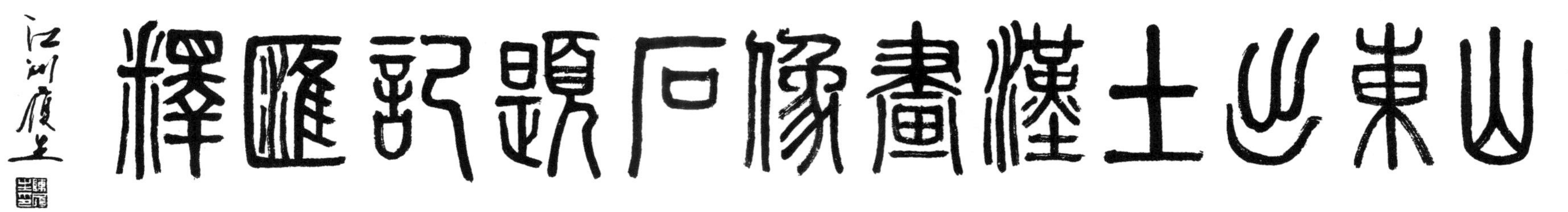


陈履生先生为本书题名

# 前　言

汉画像石题记是刻于壁画旁或单独刻制在祠堂、石阙、宫殿建筑、碑刻及墓室构件上，介绍事物名称、赞颂具体人物、记述画像内容的文字。字数有多有少，有详有略，从四五字到三四十字，最多数百字，内容透露出大量的汉代政治、经济、文化、历史、习俗等多方面信息，可弥补史书记载之不足，有很高的历史、文化和艺术价值。

山东是汉画像石资料的重要出土地，出土的汉画像石数量居全国之首，产生时代最早，延续时间最长，内容也最丰富。当中的画像石文字也发现最多，占全国总数量的一半以上。目前，山东各地出土保存的画像石大都带有文字刻铭，这些文字一般刻于祠堂、墓室、石阙、宫殿建筑构件、碑石之上。这些画像石，虽然往往以文字刻铭为主，图像只作为附属装饰，但从内容表现形式上，属于图像和文字相结合的形态，有丰富的文化内涵，我们将之统称为汉画像石题记。这是本书汉画像石题记汇释的主要内容。

山东各地发现的地上建筑汉画像石题记，以武氏墓群石刻、宋山许安国祠堂、汉安元年文通食堂为代表。武氏墓群石刻主要有石阙铭文91字、榜题文字1069字、武梁祠文字525字，内容有神话和历史故事，可分为忠、孝、仁、义等类型，几乎完整地表现和赞颂了儒家以仁为核心，以忠孝节义为主要内涵的道德准则。宋山许安国祠堂题记的内容反映了东汉晚期农民起义的情况，为研究当时的农民起义提供了新的资料。汉安元年文通食堂题记共600余字，为目前汉代考古发现汉画像石文字数量之最，是研究古代墓志渊源、形制和文字演变的珍贵资料。地下墓室的画像石文字，以苍山城前村画像石题记为代表，内容详细地描述了画像石的分布情况，对我们研究考释画像内容很有帮助。

此外，山东其他地方也发现有汉代画像石题记，如曲阜东安汉里画像石题记，从墓葬形制看时代在西汉晚期。另外，还发现宫殿建筑构件画像石题记，如曲阜北陛画像石题记，时代为汉景帝前元三年（前 154），这在全国也较为罕见，为迄今发现的西汉早期石刻之一。这些文字，不但对书法演变提供了可靠的实物资料，也为研究画像石的断代分期提供了依据。

总之，山东出土的汉代画像石题记内容广泛，为研究汉代书法、画像石绘画雕刻艺术、丧葬制度、历史事件和历史地理提供了可贵的资料。

# 目　录

# 第一章

# 概　　述

汉画像石是汉代人装饰在墓室、祠堂四壁、石阙、石碑等建筑上的石刻壁画，所属建筑，大多数为丧葬礼制性建筑，少数为宫殿建筑构件上的石刻画像和摩崖上的题记。因此，汉画像石是两汉时期厚葬之风的产物，体现了汉代独特的丧葬文化。山东画像石出现于两汉时期，在中国历史上流行了近400年的时间，生动形象地展示了当时的社会生活、政治经济、民俗文化、思想观念等内容，成为汉代艺术的典型代表，是齐鲁大地的文化符号。它不仅代表着汉代以前中国工艺美术发展的较高成就，而且对汉代以后的工艺美术也产生了深远的影响，对于研究汉代社会文化是不可取代的重要实物资料，成为我国文化艺术中的杰出代表和文化艺术瑰宝，在中国美术史乃至世界美术史上都占有十分重要的地位。

## 一

两汉时期汉画像石分布相当广泛，覆盖面积几乎占了大半个中国。主要集中于黄河流域和长江流域，以黄河流域中下游为中心，东起胶东半岛，西到甘肃、四川一线，北自陕西的榆林、北京、辽宁的辽阳，南至浙江的海宁、云南的昭通一线。从大的区域来说山东画像石同江苏北部、安徽、河南东部、河北东南部同属于汉画像石第一个分布区域，但山东画像石有自己的特点，无论是雕刻风格，还是题材内容，同江苏北部、河南东部、安徽等区域还是有明显的不同。

山东汉画像石实际是指现代行政区域划分的概念。从汉代的行政区域划分来看，徐州刺史统领了山东的东南和中南部分、江苏北部及安徽北部、河南东部的一部分。现位于山东南部的枣庄地区、济宁地区、临沂地区出土的画像石，与上述这些地区画像风格相近，但山东其他地区却与此显著不同。今天所说的山东画像石，大都限定在当今山东行政区划的范围内。从研究的角度看，应该摆脱现有行政区划的限制，把视角拓宽到两汉时期行政区划内的汉画遗存。因此，从宏观上看，山东画像石是指以现在的山东行政区划为中心，包括历史上与山东联系密切的相邻地区，形成的同一风格、同一表现形式的画像石。但本书主要讨论的是现代行政区域概念的山东画像石。

山东是我国汉画像石遗存较多的地区之一，画像石产生的时代较早，延续的时间较长，分布的范围广，发现的数量多，画像内容精美，在汉画像石研究中具有较高的学术价值，成为历史学、考古学、美术学研究范畴重要的物质文化资料。概括起来，山东画像石有以下几个方面的特点。

山东是中国古代画像石的滥觞地之一。长期以来学术界认为画像石起源于西汉末年，随着考古的新发现，人们把画像石的起源提早到西汉早中期。从本区出土的昭帝时期元凤年间的凤凰刻石①、成帝河平三年（前26）《麃孝禹刻石》②上的立鹤画像，还有肥城北大留村带有五铢钱的西汉刻石③，可以证明山东汉画像石早在西汉中晚期就产生了。此外，最重要的是邹城龙水墓地④、微山岛墓地⑤、泗水北玉沟⑥等地发现大约在汉武帝之前的石椁画像，这是目前国内考古发现发掘时代最早的画像石。这一发现，将汉画像石的起源又提早到西汉早期。

山东汉画像石分布地域广，数量多，形式多样。汉代画像石分布范围覆盖全省140多个县域，其中一半的县域内发现不同种类的汉画像石，而以泰山沂山以南的临沂、枣庄、济宁等地最为集中，几乎占全省数量的一半以上。山东中部地区的泰安、济南、淄博、潍坊等地也发现数量较多的画像石。此外，烟台、菏泽、日照、东营广饶等地也有零星发现。据统计，山东省已知的汉代画像石约4000石，其中济宁地区约1300石。微山县微山岛⑦、原济宁师范专科学校⑧、兖州徐家营⑨、泗水北玉沟等地发现石椁墓数百座，发现的画像石也有数十石。

汉代画像石的建筑形式多样，有石椁墓、石室墓、砖石混合、石祠、石阙等。石椁均为长方体的箱状，四壁由墓主头脚相对的前后端板石和左右侧板石扣合而成，再用数块石板铺底和作为盖板。其整体形状和木棺相似，一般盖板石厚度大于端板和侧板石。石椁在外，内置木棺，棺内葬墓主人。石椁墓葬主要在山东中部的泗河流域发现较多，分布范围较广，除山东中南部外，在河南东部、江苏北部、安徽北部也有较多发现。

石室墓一般规模较大，结构较为复杂，画像内容也较为精美。一般有墓道和甬道，其后设有两到三个主室，有的设有侧室和耳室，有的后室设有回廊。室顶有平顶、坡顶、叠涩顶、穹隆顶、覆斗顶及砖砌的券顶。这些墓葬，无论是大中型墓，还是小型墓，皆具特色，从平面布局到墓葬结构和形制，几乎没有两座墓是完全相同的。如东汉晚期沂南北寨村汉墓[⑩]、安丘董家庄墓[⑪]、临沂吴白庄汉墓[⑫]、东阿邓庙墓[⑬]、济南长清大街村汉墓[⑭]等。近年发掘的济宁嘉祥旷山墓[⑮]不仅设有回廊，还在后室西侧面发现题写有“君更衣”字样的厕所，为汉代考古发掘之仅见。

祠堂，也叫食堂、庙祠、斋祠[⑯]等，是对墓中死者进行祭祀的地上建筑，一般在墓前所设，大部分在东汉时期。石祠由古代的宗庙演变而来，为“鬼神所在，祭祀之处”[⑰]。山东地区目前保存较为完整的是长清孝堂山石祠，著录最早的是嘉祥武氏祠堂[⑱]。金乡李庄的朱鲔祠堂[⑲]、嘉祥宋山小祠堂[⑳]、邹城汉安元年文通祠（食）堂[㉑]，皆发现数量众多的汉代文字题铭。

阙又名“观”，是指古代宫殿、祠庙或陵墓前的高台，通常左右各一。台上起楼观，二阙之间有道路。《说文》解释为：“阙，门观也。”《史记・高祖本纪》也有“萧丞相营作未央宫，立东阙、北阙、前殿、武库、太仓”的记载。阙在汉代是建筑中“饰门别尊卑的标示”。

在山东的汉代画像石中，除发现较早的嘉祥武氏祠阙、平邑皇圣卿阙和功曹阙[㉒]，以及曲阜、泰安保存的一些石阙构件外，在近年发现有可靠纪年的莒南东兰墩孙氏阙[㉓]、莒县东莞孙熹阙[㉔]，对于研究汉代画像石的分期提供了重要的实物资料。

山东汉画像石发展历程几乎贯穿整个汉代，据山东石刻艺术馆研究馆员、著名汉画专家杨爱国先生研究，大致分为三个发展阶段，即西汉早中期、西汉晚期至东汉早期、东汉中晚期。

西汉早中期（前206—前49），是山东汉画像石的起源和初步发展阶段。在山东中南部的临沂、济宁、滕州等地的石椁墓中，皆发现早于汉武帝时期的汉画像石，石椁墓形制多为竖穴直坑，以单椁墓居多，多为成片分布的家族墓。画像雕刻技法多采取阴线刻，以常青树、悬壁、穿璧等画像或几何纹饰，雕刻于石椁内侧或外侧。图像外侧一般刻有边框，侧板多分为3格，2格较为少见。汉武帝以后，石椁墓以两椁或两椁以上合葬多见，画像内容开始丰富起来，出现了厅堂人物、乐舞百戏等画面，但厅堂人物只是简单地出现在建筑画面中，安排1—2人；乐舞百戏也是简单的建鼓舞和乐舞人物。椁板加工也较为简单，画像以阴线刻为主。从墓中出土的随葬器物组合判断，墓主身份较低，可能是地方小吏或中小地主。

西汉晚期到东汉早期（前48—88），是山东汉画像石的进一步发展阶段。这一时期画像石仍以石椁墓为主，开始出现石室墓。石椁墓以单椁少见，两椁并列或共同使用一块挡板的墓葬所占比例越来越大，有的并列椁室达7个之多。画像内容也越来越丰富，开始出现车马出行、乐舞百戏等复杂的场面，出现了泗河捞鼎、周公辅成王、孔子见老子等历史故事画面。石椁加工也越来越精细，椁板之间多采用雁尾槽紧密扣合。盖板里侧，有的刻有星宿、天空或瑞兽等画面，从而营造了一个天、地、人三位一体的和谐空间。值得注意的是，本期发现的滕州染山汉墓[25]，除发现画像石外，还发现银缕玉衣片，因此推测墓主人身份较高，是目前使用画像石墓最高身份者之一。地上建筑，以长清孝堂山石祠[26]以及平邑皇圣卿阙和功曹阙画像石[27]为代表，其中孝堂山石祠中的“大王”车马出行图，画像长7米，有轺车、立乘兵车、建鼓乐车、驷马安车、骈车等8辆，从60余骑，步卒10余人，人物涉及上百人。

东汉中晚期（89—220），是山东汉画像石的繁荣阶段。这一时期的画像石艺术达到了成熟期，竖穴石椁墓完全被大型和中小型石室墓代替。如沂南北寨、临沂吴白庄、费县刘家疃、安丘董家庄、嘉祥旷山等地发现的画像石墓，规模较大、画像石内容丰富。画像石祠堂既有嘉祥宋山和南武山、滕州西户口等地出土的属于中小贵族的平顶小祠堂[28]，也有武氏祠前石室和左石室那样后壁带小龛、属于中下级官员的悬山顶祠堂，且发现形制完整的武氏祠阙。此外还发现祠堂构件，如邹城龙河发现汉安元年文通食堂画像石题记有600多字。

山东汉画像石是绘画与雕刻相结合的产物，在它的发展过程中，经历了由简单到复杂、阴刻到阳刻、平面到立体的过程。其雕刻技法、构图模式、表现形式、装饰图案，呈现出一个时代的艺术风貌。

蒋英炬、吴文祺把山东地区汉画像石分为两类六种刻法，即线刻、凹面线刻、凸面线刻、浅浮雕、高浮雕、透雕。目前，学术界多按此方法分类。线刻是画像石中最早使用的雕刻技法，一般石面较粗糙，不经过磨光处理，物象轮廓外的雕刻以均匀密集的线条作底纹，人物或动物的形象以阴线刻成。西汉早中期、西汉晚期到东汉早期的石椁墓画像的雕刻，均为这一类刻法。代表作品有济宁肖王庄石椁画像、济宁师专石椁画像以及泗水北玉沟石椁画像等。凹面线刻以錾刻的线条为地，将物象轮廓铲除，使其低于平面，再以阴线表现物象细部。西汉晚期到东汉早期的部分石椁画像、东汉早期的祠堂画像以及嘉祥旷山汉画像石墓采用了这种雕刻技法。凸面线刻和浅浮雕，都是将物象轮廓线外减地，凸面线刻主要是将突起物象的石面磨平，再施以阴线刻画细部，如武氏祠画像、沂南北寨画像、济南长清大街村汉墓等采用了这种雕刻技法。浅浮雕又分为减地平面浅浮雕、减地弧面浅浮雕、分层浅浮雕，这种雕刻技法流行于东汉时期，以微山两城、济宁城南张村、枣庄、滕州、临沂等地区较为流行。高浮雕相对于浅浮雕而言，浮雕技法剔地较深，物象突起较高，细部用线条表现。透雕一般用于建筑构件。安丘董家庄、临沂吴白庄以及北寨石柱构建等墓中的建筑多采用高浮雕和透雕技法。

山东汉画像石的构图基本采用散点透视的方法，根据画像石的形状及表现内容，分为横式和竖式两种构图形式。横式构图是最常见的构图形式，这种构图形式便于表现故事发展的时间顺序，并使画面内容有方向性。在画面中有整齐的安排，人物没有近大远小的透视，都是在一个水平线上排列。一般墓葬门楣石和过梁石上画像多采取这种形式。画像石中的竖幅画面一般采用竖式构图、画面分层的处理形式。它是将竖幅画面分为多层横式画面，以横线作为格界，每层形成独立画面，多层组合为一幅完整的画面。如武氏祠堂东、西山墙的画像，画面分为多层，每层表现不同的内容，一般最上面表现东王公、西王母、羽人等神仙世界，下面表现的是人间世界，有车马出行、亭台楼阁、庖厨宴饮、历史故事等，表现了天上、人间、历史、现实的不同空间。

在画像石的表现形式上，画像作者不拘泥于细节，而是从大处定局，不求形似，但求神似。在处理手法上，突出夸张的形体姿态，以形写神，以求气韵，从而达到生动活泼的艺术境界，如表现人物时，一般不注重面部表情的细节，而是注重刻画人物的整体形态。尤其在表现神话传说和祥瑞动物这类题材时，常常使用夸张和写意手法，以表现虚幻的意境。

装饰图案是画像石的重要组成部分，这些装饰图案是整体图像不可缺少的有机组成部分。郑立君依据汉代画像石整体图案中各种装饰图案所处的位置，把其划分为边框装饰图案、基底装饰图案、单独装饰图案和综合装饰图案四个类型[29]。从图案内容上划分，可分为几何图案、动植物图案、云气图案三种形式。几何图案有席纹、菱形纹、方格纹、回纹、三角纹、折线纹、绳纹、水波纹、幔纹、穿璧纹等；动植物图案是将动物、植物的形象进行艺术化抽象变形设计，如鸟纹、鱼纹、龙纹、鹿纹、蔓草纹等；云纹在画像石中最为常见，有的和兽（鸟）首组合，如鸟头云纹等。装饰图案呈现出规律化的程式表现，主要运用对称、均衡、稳定、动感、节奏和韵律等表达手段，形成视觉美观的作品。同时，通过石材的肌理变化，石材的磨光与糙面、刻痕的粗细变化，使整体图案具有显著的层次变化，反映出汉代工匠高超的创造力。

山东汉画像石的高度发展有其历史原因。山东省自古以来就是中国政治、经济、文化的中心地区之一，素称“齐鲁之邦”。独具特色的齐鲁文化，在中国传统文化中占有重要地位。山东出现了一大批至今对中国文化产生重要影响的历史名人。伟大的思想家、教育家孔子创立的儒家学说是中国传统文化的支柱，在世界上产生了重大的影响。这些思想基础及深厚的历史文化渊源成为山东画像石所表现题材的重要源泉。

## 二

汉画像石题记是指汉代人雕刻在墓室、祠堂四壁、石阙等建筑上的装饰石刻壁画，其主要特征是既有图像，也有文字，以文字和图像相结合，图像和文字之间相互关联为表现形态的碑刻文字遗存。碑刻有广义和狭义两种方式，狭义上是指经过精心雕琢，有一定规格尺寸和形制要求的竖石刻字，俗称汉碑。广义上凡是以石质为载体的文字、图像都称为碑刻，或称石刻。从广义上看画像石题记当归类为碑刻或石刻范畴。石刻文字是中国历史文化中的一大宗宝贵遗产。

关于汉画像石题记的名称问题，《古代汉语词典》中对“题”的解释有8种，其中第5种解释为“写上，题写”；“记”为“记载，记述”[30]。根据其解释，本文“画像石题记”的含义为画像石上的“题写”“记载”与图像相关联的文字。从文字和图像结合表现形态上分为祠堂画像石题记、石阙画像题记、墓室石刻壁画题记、碑刻题记四个类别。碑刻题记如《孔宙碑》，碑额既有画像又有题记，碑阴也有题额，为汉碑之仅见，开隋唐碑制之先河。

对画像石题记的研究早在金石学初兴的宋代就开始了，但直到20世纪初，仍然是金石学重要的著录和考证内容，近代意义上的科学研究直到20世纪初才逐渐发展起来。文献中最早记录汉画像石题记的是北魏郦道元的《水经注》，书中有两条记载涉及山东出土的汉画像石。一条是李刚祠堂及画像[31]。关于李刚，《后汉书》[32]有载，其卒于熹平元年（172），其祠阙的建造时间当在此时，或略有先后。李刚祠现已不知去向，仅见文字记载，具体的形制和内容皆不清楚。另一条是临淄梧台里石社碑。此碑仅存碑额，现藏山东博物馆。这些信息都是郦道元在记录水系时，作为附属物顺手记录下来的，并非因研究需要而专门记录。随着宋代金石学的兴起，文人们开始有意识地记录汉代画像石题记。南宋初年的赵明诚、李清照夫妇的《金石录》中记录了许多条汉画像石题记的信息，包括汉南武阳功曹阙铭、汉武氏祠阙铭、汉武氏石室画像小字八分书题记姓名等内容。其后，洪适又录武梁祠堂画像题记文字并摹其图像于《隶续》。在《隶续》卷十六中，洪适又把赵明诚所谓的“武氏石室画像”改名为“武梁祠堂画像”。

元明时期，金石学衰微，画像石几乎无人关注，很少有著作提及。

清乾隆五十一年（1786），著名金石学家黄易组织发掘了嘉祥武氏祠堂画像，除记录了出土地点，对每一块画像石进行了编号和命名，还牵头筹集资金建石屋保护，使得这批珍贵的文化遗产得以完好保存至今。乾隆时期为金石学复兴之机，武梁祠堂画像的出土，马上引起了金石学家的重视，他们对武氏祠堂画像石竞相传拓研究，著录于书，广为流传。

20世纪以来，山东陆续发现一批画像石题记。清光绪年间滕县董家村出土的东汉献帝初平元年（190）封墓记画像残石[33]、民国初年山东肥城桃源区西里村出土的东汉明帝永平十一年（68）和永平十六年（73）祠堂后壁石[34]、1934年山东东阿铁头山发现的东汉桓帝永兴二年（154）芗他君祠堂石柱[35]、汶上天凤三年（16）路公食堂画像石[36]、永初七年（113）戴氏享堂画像石[37]、微山两城永建五年（130）食堂画像石[38]、微山两城永和二年（137）祠堂后壁[39]、鱼台建康元年（144）文叔阳祠堂[40]等。

中华人民共和国成立以后，相关研究者在田野考古调查发掘时，发现保存完整的墓葬，包括地上祠堂和阙的构件，多见于各种文物考古期刊和汉代画像石图集。1956年在山东肥城县（今肥城市）西南王庄公社栾镇村一座古墓中，发现东汉张文思为父所建祠堂的后壁[41]。1958年在滕县（今滕州市）城东桑村公社西户口村一古墓中，发现延光元年（122）祠堂画像石[42]。1974年在山东苍山县（今兰陵县）城前村发现元嘉元年（151）汉画像题记墓[43]等。

对于画像石题记的研究，一般分为三类：一是原始资料报告和文字释读文章、专著。这方面成果最多的是对嘉祥武氏墓群石刻的研究。其次就是对苍山城前村元嘉元年和嘉祥宋山永寿三年（157）画像石题记的释读和考证，如李发林的《山东苍山元嘉元年画像石墓题记试释》[44]、王恩田的《苍山元嘉元年画像石墓考》[45]、孙机的《苍山元嘉元年汉画像石墓与题记》[46]、杨爱国的《山东苍山城前村画像石墓二题》[47]、朱锡禄的《山东嘉祥宋山1980年出土的汉画像石》[48]等。二是对文字刻铭的专门研究，如赖非先生的《山东书法全集·秦汉碑刻》、杨爱国的《汉代画像石榜题略论》[49]《幽明两界——纪年汉代画像石研究》[50]、王滢的《山东江苏汉画像石榜题研究》[51]、张哲的《汉画像石题榜与题记研究》[52]、周绅的《略论汉画像石题记的文化功能与属性》[53]、高文的《汉碑集释》[54]等。作者通过文章或专著从不同角度对榜题和题记的作用进行了总结，并阐释了文字铭刻的文化价值。尤其是周绅在《略论汉画像石题记的文化功能与属性》一文中，把题记和榜题作为一个独立的文化现象，对它们的特点、内涵以及自身的发展轨迹都做了探讨。文中就画像石题记的文化功能与属性提出了自己的观点，他认为汉画像石题记是用来记录丧礼、宣扬孝行、悼念亡灵、隔绝生死的文字。三是综合性著作里对画像石题记的研究，如邢义田的《画为心声：画像石、画像砖与壁画》[55]、黄景春的《早期买地券、镇墓文整理与研究》[56]、信立祥的《论汉代的墓上祠堂及其画像》[57]、赵超的《汉代画像石墓中的画像布局及其意义》[58]等，作者主要对画像石题记的内容及内涵进行了研究。

关于画像石题记名称的划分，不同学者的认识并不一致。王滢认为，榜题一般位于画像旁，是与特定画像相对应的解释说明或评论画像内容的文字；而题记虽然也有题于画像旁或画像本身的，却与画像没有直接关系，其内容涉及的是画像之外的信息。也就是说凡是对图像内容进行标注的文字当属于榜题，而涉及墓主身份、纪念追悼词语、吉祥语、墓室建造信息等的文字刻铭，则可划分为题记。这种分法实际上是按文字内容来区分题记和榜题，虽然很精确但不具有普遍适用性。例如，1995年临沂五里堡出土的一对画像石，其左右两边各有一行内容相同的文字刻铭：“人马禽守（兽）百鸟皆食于太仓饮于河梁之下”[59]；芗他君祠堂石柱及曲阜徐村藏堂画像题记最末也有“此上人马皆食大仓”的语句。这些皆属于吉祥语句，区别是前例刻于画像旁，起到解释同一画像石画像的作用。按照王滢的区分标准，似乎榜题和题记的叫法都可以。杨爱国在《汉代画像石榜题略论》中将这些文字分为榜题和题记两大类。榜题位于画像中人物、物旁的空处和长方形的榜内，文字从两个到十几个不等。题记位置比较随意，可以在图像旁的竖框内，也可以在图像外，或者单独有题记石；文字内容也较丰富，字数从十几个到几百个不等。这种分法是目前学术界常用的分法。

有题记的山东汉画像石分布较广，在发现画像石的区域几乎都有分布，最集中的区域为“天下汉碑半济宁，济宁汉画甲天下”的济宁地区。其中，济宁邹城北龙河村发现东汉汉安元年（142）文通食堂画像题记，共606字，文字之多为全国之最。目前全国范围内发现纪年较早的画像石题记，为1942年出土于山东曲阜鲁故城内汉鲁王宫殿区的西汉景帝中元元年（前149）造鲁北陛刻石[60]，最晚的是滕州出土的汉献帝初平元年（190）画像石题记[61]。济宁嘉祥发现的汉石椁画像石题记[62]，根据墓葬形制判定为西汉中晚期，时代也较早。可以看出，山东区域的画像石题记文化起源最早，最成熟，在石阙、石祠、墓室、碑刻中皆有题记发现，并以祠堂为主，从时间上看伴随着画像石发展的始终。山东以外的地区与之相比数量较少，这与山东作为孔孟之乡及汉代文化繁盛，比较重视经学、勒石铭刻、传播孝道有关联。

## 三

画像石题记的主要特点是既有图像又有文字，文字内容与画像有一定的关联；与单独画像比较，它表现得更具体、更直接，具有重要的历史文化价值和艺术价值。作为文字史料，画像石题记能弥补文献记载不足，也能够作为辨别文献版本异同的实证参考，更正正史在传抄过程中的谬误，同时对于研究文字演变及书法艺术提供了重要的实物资料。

由于画像石墓中或祠堂画像石皆缺少明确的纪年资料，因此，画像石题记中的纪年成为画像石考古断代的主要依据。据杨爱国在《幽明两界——纪年汉代画像石研究》一书中统计，全国发现纪年画像石99处，其中山东地区发现35处。通过对纪年画像石的考证，可以准确判定这类墓葬的流行时间，为画像石墓的类型划分提供了重要资料和依据；祠堂画像石纪年，可以用于确定本类祠堂的流行时间，为祠堂类型学划分提供了重要的参考依据。如，最早纪年画像石祠堂为汶上县天凤三年（16）路公食（祠）堂，武氏祠堂为东汉桓帝、灵帝时期等。从这些纪年画像石中我们得知，东汉初年山东中南部地区就出现了地面祠堂建筑，开始流行单开间平顶小祠堂，东汉中期以后，出现了悬山顶的两坡式祠堂，并一直流行到东汉晚期；西汉晚期至东汉早期，山东画像石墓以石椁墓为主，已经出现少量大型石室墓或砖石结构墓，东汉中期及以后，石室墓逐渐成为本区主要流行的墓葬形制。

### （一）画像石题记有十分重要的史料价值

嘉祥宋山许安国祠堂题记中“泰山有剧贼”，据《后汉书·桓帝纪》载：永兴二年（154）十一月，“太（泰）山、琅邪（琊）贼公孙举等反叛，杀长吏”。此石题记正是记载了这次东汉晚期农民起义，可为正史佐证。当时东汉朝廷为了镇压这次起义，于永寿元年（155），特在二郡置“都尉”的官职，专门镇压这次农民起义，曲阜《孔宙碑》文中载，孔宙曾担任“泰山都尉”之职。永寿二年（156），公孙举大举攻占青（州）、兖（州）、徐（州）三州，朝廷派遣“中郎将段颎讨，破斩之”。但从题记中可以得知，当时朝廷派遣段颎仅杀了公孙举，虽然群龙无首，但农民起义军残部仍坚持斗争。

许安国祠堂题记中的“高平”，西汉时为橐县地，东汉时曾为高平侯国，属山阳郡（国）。《水经注·泗水》：“又南过高平县西，洸水从西北来流注之。”又说，“泗水南径高平山，山东西十里，南北五里，高四里，与众山相连，其山最高，顶上方平，故谓之高平山。县亦取名焉。……王莽改曰高平”。今属微山县两城镇，近年本地陆续出土了数量较多的汉画像石。

“阳山”，今为金乡县羊山镇北之羊山。题记中说阳山在县西南，此处“县”应指东汉金乡县。东汉金乡县，亦称金山乡，任城王汉墓黄肠石题记中有“金山乡吴伯石”[63]，这里的金山乡就是金乡。其县驻地，《水经注·济水》载：“济水又东过昌邑县北。”昌邑故城，位于今巨野县大谢集镇昌邑集，济水穿过其北部。济水“又东过金乡县南”，这里的济水实际上是指济水南支流，金乡城在昌邑故城东，济水之北，今嘉祥南境。据清乾隆《济宁直隶州志》载，阳山一说在金乡西北四十里，今金乡山前，与题记记载不相符；一说在今阿城村，此说与题记相符合。

题记还记载了祠堂主人许安国的身份信息，官为卒史，掾属秩百石，官职较小，永寿三年（157）卒，享年34岁，曾参加镇压公孙举起义。因病西归，亡于家，其父母兄弟耗资二万七千钱为其修建墓室祠堂。史书无载，题记内容弥补了文献记载的不足。

曲阜徐家村画像题记中“藏堂”“葬妇此藏中”，“藏堂”根据题记显然指死者葬尸之室，即学术界所称陵墓地宫后室或墓葬的后室，也就是死者魂灵寝室。文中记载了死者殡、葬时间从十月三日到十一月七日，用了一个多月的时间完成，这反映了汉代的丧葬礼俗制度——殡、葬是分开进行的。汉代丧葬制度基本上沿袭了周礼，在人死后，停柩于堂，待来宾行礼，为出殡。殡后由家人、巫者来定下葬的吉日，再行葬礼。殡葬时间没有严格的规定，自始死至葬，其时间最近者七日，次者或十日。西汉末年颇有停丧不葬之风，百余日不葬并非罕见[64]。

微山桓孨（zhuǎn）食堂画像石题记中的“食堂”即祠堂，系墓葬前面的地上建筑，是死者亲属按时祭祀的地方。题记中说，桓孨食堂从永和四年（139）四月二十七日到永和六年（141）正月二十五日，建造用了近两年时间。嘉祥宋山许安国祠堂题记中，除了介绍祠堂壁上的画像内容外，还重点说明其他人可以来参观，但不能乱刻乱画。邹城汉安元年（142）文通食堂画像石题记明确说明祠堂即为死去之人所修的“食堂”。上述例证充分证明，祠堂是生人为先人进行祭祀的地面建筑。

1988年，济宁师专发掘的西汉郑敖墓中，出土了带有题记的大陶瓮：“敖强饭，薄薄怒怒。强饭薄薄怒怒。郑敖饭常满，此器十升。强饭薄怒，必兴仲同食。饭常满，作饭宗之。饭比任、监器饭之。”[65]文中主要是告诫墓主郑敖，要努力吃饭、加餐，不必担心饭不够吃，饭是永远吃不完的，可以奏着音乐和朋友一块儿吃饭，只有吃饱了才能保养身体，同时要看好自己吃饭的器具。这实际上是食（祠）堂题记的雏形。在西汉时，以墓室作为食（祠）堂，到东汉才演变成了石砌的地上食（祠）堂。从目前发现的祠堂看，大多流行在东汉时期。桓孨食堂题记的出土和发现，对研究祠堂的功能和作用，提供了重要的文字材料。

曲阜《乙瑛碑》中刻元嘉三年（153）三月二十七日司徒吴雄、司空赵戒应鲁国前国相乙瑛请求，为孔庙设置百石卒史的奏书及司徒、司空府和鲁相选任孔龢为百石卒史的公文。欧阳修认为此碑历史文献价值较高。从碑文中可以了解到，汉代“三公奏事”与“群臣上尚书”在奏事制度上基本一致。

另外，文中的“百石卒史”在《通典》和《三国志》中记载为“百户史卒”，《水经注》中载为“百夫吏卒”。《通典》《三国志》《水经注》中显然与碑文不一致。到底是“百石”还是“百户”“百夫”，根据《汉书·儒林传》：“郡国置《五经》百石卒史。”臣瓒以为：卒史，秩百石者。刘昭注《后汉书·百官志》引应劭《汉官仪》：“河南尹，百石卒史二百五十人。”《黄霸传》：“补左冯翊二百石卒史。”碑刻中“百石卒史”与《汉书·儒林传》记载相符，《通典》《三国志》《水经注》所载显然是错误的。由此可见，“卒史”为官职名称，“百石”为俸禄。

汉画像石墓中长篇大论的题记是苍山县西城前村北画像石墓出土的“元嘉元年题记”，是迄今所知篇幅较长的墓室画像石题记。题记内容分为三大部分，即序言、画像的诠释、结语。第一部分序言主要说明了建这个画像石墓的目的是埋葬贵亲，同时也希望逝去的灵魂有知，怜悯子孙，保佑子孙后代一切顺利、长寿、兴旺发达；第二部分主要以文字解释部分画像，并希望墓主有“就大仓，饮江海”般广大的饮食来源，墓主后人“高迁”，配“印绶”，“日进钱万倍”；最后的结语部分则表示除无可奈何下与家人诀别外，更担心墓葬被盗掘和破坏，希望“闭旷（圹）之后不复发”。该题记记载了墓主生平及筹建墓葬、丧葬等有关信息，因此可以作为后代墓志的先声[66]，为研究两汉时期的丧葬制度、历史信息提供了翔实的文字材料。

曲阜韩家铺村出土的石椁墓两室中间的挡板石上部有篆书题记一行：“山鲁市东安汉里禺石也。”“山”指八宝山（鲁城东有八宝山）。“鲁市东”，宫衍兴认为是“鲁国都市东”。“安汉里”为当时鲁国基层政权组织。“禺”通“寓”，当指阴宅之用石，有阴间寓所之义。画像石椁墓是山东南部、江苏北部早期画像石特有的文化遗存，它起源于西汉早期，流行于西汉晚期到东汉早期，分布范围主要是在泗河流域的山东中南部，江苏、安徽北部，河南东部等地区。山东发现的石椁墓皆位于孔孟之乡的济宁曲阜、兖州、嘉祥等县市区。

### （二）对画像石题记内容的考证，破解了因文献散佚而不知其详的历史故事，同时纠正了前人的错误解释

在画像石中，属于历史故事的题材有“泗水捞鼎”“孔子见老子”“周公辅成王”“信夫射孺子”“狗咬赵盾”“七女为父报仇”“尧舜禅让”“二桃杀三士”“胡汉战争”等，其中“信夫射孺子”“七女为父报仇”为失传的历史故事。在皇圣卿阙东阙西面的画像第一层，东莞孙熹阙东阙画面的第三层右边，都刻有一女子向一儿童射箭，儿童手持锸、肩扛篓筐做奔跑躲避状。这个画面也见于嘉祥武氏祠、嘉祥南武山小祠堂、嘉祥宋山小祠堂、嘉祥纸坊镇敬老院小祠堂、长清孝堂山石祠、泰安市大汶口墓前室隔梁东面的画像、东平石马汉墓等画像石上。过去一些学者对这类画面内容皆解读为“公孙子都暗箭射颍考叔”，依据《左传·隐公十一年》所述：郑国国君在出兵讨伐许国的时候，其手下将领公孙子都与颍考叔不和，当颍考叔肩扛郑国大旗冲上城头的时候，公孙子都背后放了一支冷箭，将考叔射落城墙下面，考叔当即身亡。子都在两军征战期间，因为嫉妒而伤了自己的大将，主要是因为其美貌而深得郑君的宠爱。为此，画像总是将子都描绘成女人的形象，并做手持弓箭的样子。[67]但从画像石上明显可以看到，射箭女子是一贵妇人，被射者是一儿童，儿童手持锸、肩扛篓筐，箭射在儿童背后的篓筐上，儿童有幸躲过此劫。故事发生在庭院中，明显不是在城墙上，也没有表现出两军对垒的混战场面，因此画面中的人物和故事情节与“公孙子都射颍考叔”的历史故事情节不相符合。而皇圣卿阙的这幅画还有题记，射箭女子为“信夫”，被射的儿童为“孺子”，一旁还有一男子，题记为“（宋）王”，因此画面内容当为“信夫射孺子”的历史故事。

“七女为父报仇”的历史故事，不见于文献记载，或许存在于某些失传的文献里。东莞孙熹阙上的“七女”题记画像石，嘉祥武氏祠前石室、左石室，长清孝堂山石祠，临沂吴白庄画像石墓，都有构图与“七女”题记画像石相近的画面。此故事内容因内蒙古和林格尔壁画墓[68]有“七女为父报仇”的题记，所以确定了东莞孙熹阙上的“七女”

题记画像石及其类似的构图画像，将故事命名为“七女为父报仇”。此故事发生在西汉时期的长安附近，七女的父亲被长安令冤杀，七女联合起来埋伏在渭水桥旁边，当长安令的车队经过渭水桥的时候，她们发起攻击，长安令猝不及防地落入水中，七女报仇成功。在武氏祠堂画像中的水陆攻占图中，就有七个女子在桥上和桥下与一车马出行队伍进行厮杀混战的场面，所以我们也把前人在习惯上称为“水陆攻占图”的画像改称为“七女为父报仇”的故事。

### （三）画像石题记中关于修建墓葬、墓阙、祠堂工时费用的记录，这些题记内容对研究当时社会经济发展有着非常重要的史料价值

如建初八年（83）张文思为父造祠堂“石值三千”；莒南元和二年（85）孙氏阙“直万五千”；平邑八埠顶章和元年（87）功曹阙“直□□四万五千”；永初七年（113）戴氏享堂“建石室五千，郭苞二千五百五……并九千五百”；山东枣庄延光三年（124）朱作纪母祠堂“钱三万五千”；微山两城永建五年（130）食堂“五千”，永和元年（136）王成母食堂“直钱五千”，永和二年（137）祠堂“财弗（费）直万”；山东永和四年（139）祠堂“直三万五千”“作食石置王母价值三千”；鱼台建康元年（144）文叔阳食堂“直钱万七”；嘉祥建和元年（147）武氏祠石阙“直钱十五万”、石狮“直四万”；嘉祥宋山许安国祠堂永寿三年（157）“钱二万七千”；曲阜徐家村延熹元年（158）画像石墓“使工五万，又食九万，共直钱□□万”；光和五年（182）孔耽墓“三万钱”（包括祠堂和墓）；滕州初平元年（190）封墓记“直钱二万五千”。这些建墓、立祠所花费用从最少“石值三千”到最高十五万钱不等，虽然与汉代提倡“举孝廉”的背景有极大的关系，但也反映了当时物价和消费的真实状况。

根据武利华先生对两汉经济状况的研究成果，汉代官吏收入较低，但消费水平和现在不相上下。东汉延平元年（106）官吏的俸禄标准是千石官吏每月俸禄四千钱、三十斛米；而百石小官吏每月得八百钱、得米四点八斛。东汉时期官吏的平均年俸约为一万六千钱。武氏祠阙的主人是官秩千石的中级官吏，阙为高大的子母阙，阙花费“十五万”，阙前狮子“四万”，共花费十九万；平邑功曹阙的阙主做过南武阳的功曹，县功曹为县长属吏，官秩百石，因此平邑功曹阙只是高度在2.5米左右的单阙，其造价是“四万五千”；莒南孙氏阙的主人是没有官秩的平民，因此阙的样式为简单的碑形阙，其造价为“万五千”。从上述题记内容看，武氏祠阙，不算丧葬及祠堂建造费用，仅阙和石狮就花费高达近二十万钱，是一般官吏平均年俸禄的十倍以上。

从画像石题记中，我们也可以了解到汉代石工（汉代画像石题记中有“匠”“石工”“工”“石师”“师”“画师”“刻者”等称呼）的“薪酬”标准。丁邦友在《汉代物价新探》中指出：“关于汉代佣工的价格，文献记载多有差异，主要有月钱二千和月钱三百两种说法，但这两种说法差距很大，历来争论较多。”如永兴二年（154）东阿芗他君石祠堂题记中，参与营建的石工有操义、荣保、代盛等十余人，且分工明确，有石工和画师两个工种，工期两年，耗资二万五千钱。以总价二万五千计算，当时工人的薪酬每月当在百钱左右，这里的工钱不包括其本人的饮食，所以有“朝莫（暮）侍师，不敢失欢心”[69]的记载。曲阜徐家村延熹元年（158）藏堂画像石中的题记是将工钱和伙食费分开计算的。东汉时期的佣工每日工钱在十钱左右[70]。

画像石题记记载的建墓、阙、祠的佣工信息，反映了两汉时期的厚葬之风。由于东汉选拔官吏以“孝悌”为标准，采取“举孝廉”的方式，因而社会上出现了一些竭尽家产实施厚葬的不良风气。东汉王符在《潜夫论》中对这一现象进行了抨击：“生不极养，死乃崇尚”。《盐铁论·散不足》记载：“今生不能致其爱敬，死以奢侈相高，虽无哀戚之心，而厚葬重币者，则称以为孝，显名立于世，光荣著于俗。故黎民相慕效，至于发屋卖业。”《后汉书·崔骃列传》记载了崔寔的父亲崔瑗去世后，为了达到厚葬的目的，崔寔变卖田宅为父亲下葬，最后因此穷困潦倒，只好以“酤酿贩鬻”维持生计。《汉书·平帝纪》还记载了汉代丧葬费用的标准，西汉平帝元始二年（2），“郡国大旱，蝗。……民疾疫者，舍空邸第，为置医药。赐死者一家六尸以上葬钱五千，四尸以上三千，二尸以上二千”，平均每人在千钱左右[71]。

碑刻作为中国古代祭祀或记事的重要石刻作品，是刻在碑上的文字或图画。其画像内容、装饰手法和雕刻技法，在整体形态上有一定的配置模式。这些装饰有画像的石碑虽然数量有限，但其画像具有独特的内容主题、布局形式及功用要求。

一件规范的碑刻在形制上分为碑首、碑身和碑座。从碑首形态上看，又分为圆首碑、圭首碑、方首碑三种类型。圆首碑的碑首装饰较为复杂，根据雕刻技法及造型方法，又细分为平面阴线刻、浅浮雕或高浮雕、透雕晕纹、蟠龙纹等类型。圭首碑一般装饰较少，如《白石神君碑》，碑首左右刻两兽，两兽中间一人以两臂托兽腹。

从现存汉代石碑实物来看，一般多在碑首装饰蛇、龙、虎、凤、龟等动物造型，几何纹饰、人物造型较少出现；在石碑的侧面、碑阴及碑石正面的主体铭刻文字周围也有雕刻纹饰。碑首中间阴刻或阳刻碑的名称，碑身分为碑阳和碑阴，其上铭刻文字。如《鹿孝禹碑》《孔君墓碑》《梧台里石社碑额》《衡方碑》《张迁碑》等。《张迁碑》

碑首蟠龙采用了透雕双凤衔珠、碑侧龙虎盘缠升至碑首顶端；《孔君墓碑》碑首周边饰减地阳刻锯齿纹。《梧台里石社碑额》碑阴饰减地阳刻大梧社神：画面中央刻梧树干，其上置兽首，树干中上部左右各伸出一树枝，其上栖二凤鸟相对而立，树干两旁各一人双手持物对舞，二人下方有二鸟相对而立。曲阜的《乙瑛碑》侧面阴刻龙纹图案，较为罕见。出土于汶上县的《衡方碑》碑首顶梁盘叠七段兽身，无首无鳞。1982年出土的《王舍人碑》，螭首、龟趺，造型生动，雕刻精美，此形制开魏晋以后碑制之先河。

关于汉代碑刻画像的功用，清末以来，诸多金石学家著录石碑时，常以功用对其进行分类研究。叶昌炽《语石·语石异同评》概括石碑有四大功用类别：述德、铭功、纪事、纂言。[72]赵超先生按功用将碑刻分为墓碑、功德碑、记事碑、典籍碑、题铭碑等九种类型。[73]杨子墨根据汉代董仲舒“天人感应”的思想理念，认为上圆下方的圆首碑代表苍穹，因而石面上的装饰画像也含有宇宙之义。[74]置于墓上的石刻建筑，包括石柱、石兽、石人、石阙、石碑，分别承载着引导墓主人灵魂升天的作用。除对亡灵寄托升入天国的期盼外，汉代人还希望亡灵可以重生不朽。汉碑中的晕纹、穿孔（穿孔常与圆首晕纹碑同时存在）和圭首，具有太阳的象征内涵。圭首碑的形状上锐下方，汉代人常用圭比喻人的品德高尚，用圭作为碑形可以看作有祥瑞之义，这与汉代的谶纬思想有着极为密切的联系。此说是很有道理的，石碑作为祭祀和丧葬文化的产物，其上的图像同样有着特殊的墓祭文化内涵。

## 四

儒家思想是古代统治阶级极力标榜的正统思想，从形制完备的汉碑到汉画像石题记，无不渗透着儒家思想。它明确提出“三纲六纪”等伦理规范，使人伦纲常更加完备具体，成为支配人们生活的统治思想和执行准则。山东汉画像石题记等内容形象地表现了这一思想，向人们展示了儒家思想发展史上一批形象而具体的历史资料。

儒学在汉武帝时期正统地位被确立后，一直是两汉王朝的统治思想。儒学之所以在当时被推上独尊地位，是由其自身完善的理论所决定的。儒学传经，分古文经学与今文经学两派。古文经学因为是从孔子旧宅墙壁发现的古经文，经文字体为先秦字体，多数人不认识，所以学习古文经学的人不多。而今文经学派对儒学经典任意发挥，以迎合统治阶级的需要。汉武帝出于巩固王权、正名义、别尊卑的需要，纳董仲舒建议，罢黜百家、独尊儒术。董仲舒提倡今文经学，特别重视《春秋》公羊学，通过其发展使儒学阴阳五行化，以孔子所传之书为经，配谶言和纬书，尤其在东汉时发展最为兴盛。曲阜保存的《礼器碑》《史晨碑》中多引用此类谶言。

东汉儒生传经治经的盛况，我们可以在历代碑刻题记中看到其大概状况。如《乙瑛碑》中载："龢修《春秋严氏经》。"《孔宙碑》载："少习家训，治《严氏春秋》。"《孔褒碑》载："治家业《春秋》。"《孔谦碑》载："祖述家业，修《春秋经》。"《鲁峻碑》载："治《鲁诗》兼通《颜氏春秋》。"《武荣碑》载："治《鲁诗经韦君章句》，阙帻传讲《孝经》《论语》《汉书》《史记》《左氏》《国语》。"《郑固碑》载："初受业于欧阳（《尚书》），遂穷究于典籍。"邹城出土的汉安元年文通（祠）堂画像石题记中有"掾少读《严氏春秋》"的记载。以上诸碑文或题记中，所言多是治今文经学者。《武荣碑》中武荣从治今文经学《鲁诗经韦君章句》外，兼及《史记》《汉书》及古文经《左传》，涉猎比较广泛。《武荣碑》又载："久游大学……学优则仕。"汉灵帝在公元175年颁诏，把五经文字刻在石头上，立在太学门外，让儒生学习，这些立在太学门前的石经成为今文经学的范本。整体来说，山东地区经学近于好古，这是因为山东是孔孟儒家学说的发祥地，又是最早发现古文经的研究地，所以本地儒生学者受传统儒风影响，承古、训诂意识较为浓厚。

西汉的建立，一个稳定的中央集权国家的出现，为儒家思想的发展提供了有利条件。汉高祖刘邦称帝后，于公元前195年冬到阙里，以"太牢祀孔子"，此后汉朝采用儒、法两家思想之长治理国家。汉武帝时"罢黜百家，独尊儒术"，确立了儒家思想的正统地位。西汉晚期，汉元帝把孔子封为"褒成宣尼公"。刘秀建立东汉后，尊孔之风更加盛行，在济宁的汉碑中尤为突出。曲阜保存的《乙瑛碑》开篇就说："孔子作《春秋》，制《孝经》，删述'五经'，演《易·系辞》，经纬天地，幽赞神明，故特立庙。"意思是说，孔子著作《春秋》，制定《孝经》，删削订正"五经"，推演《周易·系辞》，了解天地的常道，深刻了解神明之事，所以特地立（孔子）庙。接着，《乙瑛碑》还称赞孔子"巍巍大圣，赫赫弥章"（高尚伟大圣人，光辉越来越明显）；"孔子大圣，则象乾坤。为汉制作，先世所尊"（孔子是大圣人，象征天地准则，为汉朝制作制度，从上代就一直尊敬他）。《史晨碑》赞孔子"巍巍荡荡，与乾比崇"（崇高博大宽广的孔子与天比高）；"伏念孔子乾坤所挺，西狩获麟，为汉制作……固作《春秋》，以明文命。缀纪撰书，修定礼义"（意思是说：想到孔子，天地所生，完成《春秋》以后，为汉朝制作制度……编缀纲纪，撰写书文，修订典礼仪式）。《郑固碑》中载："……膺游夏之文学，襄冉季之政事"［意思是说：（郑固）拥有子游、子夏（那样的）文学才华，有冉有、子路（那样的）政治才能］。碑文最后一段载“传宣孔业，作世模式”［（郑固）传承孔子的事业（学说），作世人的模范］。《武斑碑》中载：“……君幼门颜闵之懋质，长敷游夏之文学”（意思是说，武斑幼年就具有颜回、闵损那样勤勉的本质，长大了又充实了子游、子夏那样的文学才能）。《论语·先进》：“文学：子游、子夏。”出土于汶上县、现存泰安岱庙的《衡方碑》载：“……君之烈祖，少以儒术，安贫乐道，履该颜原，兼修季由‘闻斯行诸’，砥仁疠义。”［意思是：他的有功业的祖父，少时信奉儒家学说，安于贫穷，乐于行道。行为会通了颜渊、原宪，还兼修仲由听说了就去办（的精神）。］颜渊、原宪、仲由皆为孔子弟子。《论语·先进》：“子路问：‘闻斯行诸？’子曰：‘有父兄在，如之何其闻斯行之？’”碑文中还载：“……盖《雅》《颂》兴而清庙肃，《中庸》起而祖宗□。故仲尼既殁，诸子缀《论》……”《雅》《颂》是《诗》的分类名称，也以“雅颂”代指《诗》。《论语·子罕》：“子曰：‘吾自卫返鲁，然后乐正，雅颂各得其所。’”《中庸》，本《礼记》篇名，相传为孔伋作。《论》即《论语》。

《鲁峻碑》中，鲁峻门生议定鲁峻谥号为“忠惠父”，是考虑到了子游、子夏等孔子弟子谥孔子为“宣尼”的谥号。

以上碑文除了赞扬孔子外，还提出了对孔子倍加尊崇的主张。《乙瑛碑》中，永兴元年（153）鲁相乙瑛向皇帝郑重提出“庙有礼器，无常人掌领。请置百石卒史一人，典主宗庙。春秋飨礼，财出王家钱，给大酒直”[75]这项要求很快得到皇帝的批准。元嘉三年（153）鲁相平奏请因“龢修《春秋严氏经》，通，高第，事亲至孝，能奉先圣之礼，为宗所归”（因孔子后人孔龢修学严彭祖注解的《春秋》，通过考试，取得了好的成绩，侍奉父母很是孝顺，能奉行先圣的礼仪，为本宗族所拥护），所以补百石卒史官职。碑文中，鲁县令鲍叠“造作百石吏舍”，使尊孔增加了新的内容。《礼器碑》中，鲁相韩敕于永寿二年（156）向皇帝奏请“复颜氏、亓官氏邑中繇发”（免除颜氏和亓官氏县内所派的徭役和征发）以遵循孔氏的心意。建宁二年（169）鲁相史晨请求皇帝准许“臣辄依社稷出王家谷，春秋行礼，以供烟祀”（意思是：按照土地五谷之祭的标准，出公家的谷物，春秋两次行礼，以供祭祀）。上述内容，充分体现了东汉时期尊孔风气之盛行。为了尽力尊孔，在碑文中大引纬书。《史晨碑》中载：“故《孝经援神契》曰：‘玄丘制命帝卯行。’又《尚书考灵曜》曰：‘丘生仓际，触期稽度为赤制。’”（意思是：“所以《孝经援神契》上说：‘应北方黑帝之运的孔丘，造作制度，姓刘的皇帝去做。’《尚书考灵曜》上说：‘孔丘生在应苍木之运的周朝之际，遇到周朝，稽考度数，为应火运的帝王造作制度。’”）从碑文中可以看出，当时统治者不惜用荒诞无稽的谶纬迷信来树立孔子的威望。

《史晨碑》中还记述了当时祭祀孔子仪式的盛况。建宁四年（171）鲁相史晨上任后，马上“拜谒孔子，望见阙观，式路虔跽。既事升堂，屏气拜手，祗肃屑偎，仿佛若在”（意思是：“在好日子拜谒孔子庙，望见庙门外的双阙及阙顶的楼观，在车上抚轼表示虔诚。既而，到了堂上，屏住气息磕头，严肃恭敬，仿佛看到了神灵就在这里”）。碑文第二段，记载了当时祭祀孔子时，长史、五官掾、功曹史、户曹掾、尚书、河东太守等多名官员、处士，鲁国及鲁县所有官署的人员都来参观，总计907人。“雅歌吹笙，考之六律，八音克谐，荡邪反正，奉爵称寿，相乐终日”，充分反映了当时祭祀孔子仪式的隆重和人们对其重视程度。

汉画像石中的“孔子与弟子”“讲经授学”内容，大力宣扬孔子及其弟子们，使儒学得到了很好的推广。儒家学派形成于山东，春秋时期首先在鲁国产生了重大影响。不仅孔子弟子、后学们修习孔子学说，宣扬儒家主张，而且鲁国的民众也都服膺儒学，并影响到周围列国，形成了崇儒、重儒的风气。到战国时期，儒学成为“世之显学”。

孔子致力于推行自己的礼乐主张，收徒授学，具有较大的社会影响。当时鲁国大夫非常敬重孔子的知礼、明礼、精通礼乐典章学识，不仅对他加以赞扬，还主动向他学习礼仪。鲁大夫孟僖子陪同鲁昭公到楚国，因为不能襄礼而感到颜面尽失，回国后决定向“能礼者”问学。临终前，他对二子说：“礼是做人的根本，没有礼就无法立身。我听说孔丘有圣人之仁，我死后你们必须向他学习礼仪。”因此，作为贵族子弟的孟懿子与南宫敬叔都拜孔子为师，他们出钱出车帮助孔子。孔子带众多弟子周游列国，推行自己的主张，历经14年，会见了70多个国君，但最终不能实现自己的抱负。鲁哀公十一年（前484），鲁国用隆重的礼节迎回孔子，尊其为“国老”，让他辅佐治理国家。鲁哀公与执政的季康子经常就政事求教于孔子，而孔子的弟子子路、冉求、高柴、樊迟、子游、子夏等人也都先后在鲁国为官。孔子终其一生教授3000多人，其中72人精通六艺，他们极力推行孔子的主张，使儒学影响范围不断扩大。

汉画像石中无论是孔子见老子图，还是讲经授学图，从孔子到其弟子人人皆戴冠、着长袍、脚蹬宽大布鞋，或躬身而立，或捧简册，或执笏礼，等等，其穿着打扮与文献记载的“儒服”有关。

《庄子·田子方》载：“庄子见鲁哀公。哀公曰：‘鲁多儒士少为先生方者。’庄子曰：‘鲁少儒。’哀公曰：‘举鲁国而儒服，何谓少乎？’”《庄子》中不仅记载了鲁国儒服数量多，还描述了儒服的特点：儒生戴圆顶帽子，穿方形鞋，身上佩戴的是用五彩丝线穿着的玉玦。

“儒”本义指以襄礼为主的人，出现较早，而且又明显与其他职业区分，“儒”的服装也就与众不同。孔子开私人办学之先河，并创立儒家学派以后，按照古制，又进一步改定了儒服，“衣因鲁制，冠因宋制”。其特点是宽大的衣服、高高的帽子。孔子自己也说：“丘少居鲁，衣缝掖之衣，长居宋，冠章甫之冠。”《孔丛子》上记载孔子弟子穿宽大的衣服，戴高高的帽子，以示区别。从以上记载可知，儒服应该是有宽大衣袖的长服（前文说缝掖之衣），而头上戴高高的帽子（章甫之冠）。画像石中的齐相晏婴，位列孔子弟子中，帽子很高很夸张，与上文所说相符。孔子的得意弟子子路“冠雄鸡，佩猳豚”的形象，亦见于画像石上。由此可见，身穿儒服是儒生的一个显著特点。

在嘉祥武氏墓群石刻画像石中，刻画了具有儒家道德理想的“柳下惠坐怀不乱”故事。柳下惠，又称柳下季，鲁国贵族出身，是鲁孝公的儿子公子展的后裔，后来以展作为姓氏。柳下惠一生不太顺利，在鲁僖公、文公时期，仅担任过级别低微、掌管刑狱的小官，但是柳下惠却以知礼、秉礼著称于世，颇具儒家道德的理想形象。后人总结说：“孝公慈仁，约货之怨，盖柳下惠之行也。”他的言行后来多次受到孔子、孟子赞扬，为后世人们心目中的道德典范，对后世产生了重要影响。清代学者甚至将他提到与孔子对等的地位，说：“在鲁言鲁，前乎夫子而圣与仁，柳下惠一人而已。”可见此人德行之高。

孔子和老子，分别是儒家学派和道家学派的创始人，对汉代社会尤其在文化思想界具有重大的影响。东汉时期孔子和老子均受到当权者的尊崇，《三国志・魏书・仓慈传》注引《孔氏谱》：“汉桓帝立老子庙于苦县之赖乡，画孔子像于壁。”这是儒道并重的事例之一。有关孔子见老子的传说，在民间流传已久，自然成为画像石中的常见题材。

济宁市任城区藏一块孔子见老子的画像石，题记有“大巷党”“齐相晏婴”“子路”。《史记・老庄申韩列传》及《礼记・曾子问》等许多古籍中记有孔子见老子的故事：春秋末年，鲁国孔丘自小勤奋好学，在30多岁的时候，已经成为一个很有学问的人。鲁国贵族孟僖子临死之前，特地把自己的两个儿子（孟懿子和南宫敬叔）叫到眼前，嘱咐他们向孔丘学习。孔丘早就听说京都洛邑有个博古通今且又拥有许多资料的老聃，想去求教。他把这个想法告诉了自己的弟子南宫敬叔，弟子们将此事告诉了鲁昭公，很快便得到国君的允准，于是孔子决定西行求教。临行前，鲁昭公还给了他们一辆车子和一个驾车的仆人，支持他们这次长途求师的行动。

洛邑是周王朝经营多年的一个中心城市，自公元前770年平王东迁后，便成为周朝的国都，这里不仅是周王朝政治统治中心，而且有大量的文物瑰宝、简册档案，是整个周朝的文化荟萃之地。当时管理这些图书档案的守藏史老聃（即老子）是一位年高德劭、博学多闻的长者，尤其是他所掌管的文物典籍，更是外面见不到的宝贵资料。老子听到鲁国名人孔丘专程前来虚心求教，十分高兴。他令童仆将道路打扫干净，套上车，亲自到郊外去迎接客人。孔子见老子画像石，生动地展现了他们会见的情景。画面中，孔子头戴高冠，身着长袍，手捧一只雁，作为拜见老子的贽礼。老子亦高冠长袍，拄着曲足杖，拱手相迎。其后三人手捧简册，表示老子令人拿出文籍档案来给孔子翻阅。据记载，老子此时已经年迈，比起30多岁的孔子来，阅历丰富、学识较高。孔子在老子的盛情接待下，饱览了书籍简册，满载而归。临行前老子对孔子谆谆教导，孔子心领神会，把老子的主张比作自由自在地乘风上天，把老子比作使人无法捉摸的龙，十分玄妙和高超，体现出孔子虚心学习的态度。孔子与老子的这次会见成为古代学术史上的一段佳话。

清乾隆年间黄易从宋人洪适所著《隶续》中见到过“孔子见老子”画像，乾隆五十一年（1786）冬在武氏祠得到此石。为表示对孔圣的敬重，移于济宁州学明伦堂，现在嵌于济宁市汉碑馆南壁上。

武氏墓群石刻画像不但以其高超的艺术水平著称于世，也是近两千年前社会生活的艺术再现。它形象地表现出儒家思想中的孝道观念在东汉末年意识形态领域中盛行的事实。

以孔子为首的儒家学派在春秋战国时期虽为“显学”[76]，但它既受推崇，也遭抨击，只是一家之言，到了统一的多民族专制主义大帝国汉朝建立后，才以其守成、治世的特点为统治者所赏识。儒家历来把“孝”提到相当的高度，孔子曾把是否孝敬父母作为人与犬马的主要区别[77]。他认为一个有道德的统治者要做到“出则事公卿，入则事父兄”[78]。《白虎通德论·三纲六纪》言：“父者，矩也，以法度教子；子者，孳也，孳孳无已也。”汉朝统治者在反复琢磨儒家思想后，也认识到在以农立国、家长制为特点的古代社会中，要想维护统治，管好当时社会上每一个独立的细胞——家庭，就要提倡孝道。皇帝首先身体力行，如汉文帝事亲至孝，亲尝汤药[79]。同时西汉帝王及其后世一律以“孝”尊称，如“孝文”“孝武”“孝昭”“孝宣”，等等。

嘉祥武氏为当地一仕宦之家，系当时统治阶级上层，自然奉行东汉朝廷的各种政令，举措均按朝廷的法制、规范办理，以《白虎通德论》中的精神为范本，死后也依此内容令人刻就画像石，并建成祠堂警示后人。据笔者约略统计，东汉时期反映孝道思想故事内容的石刻画像题记有20处[80]。

武梁祠石室西壁第三层右面第一幅是“曾母投杼”。题记中以曾子与其母之间的心灵感应，赞扬曾子的孝行。王充《论衡》、佚名《孝子传》和干宝《搜神记》中都分别记载了曾子与其母的心灵感应的故事，《搜神记》中还记有：“曾子从仲尼在楚而心动。辞归问母。母曰：‘思尔啮指。’孔子曰：‘曾参之孝，精感万里。’”曾子，春秋末年鲁国人，孔子的学生，以孝著称，他的修齐治平的政治观，省身、慎独的修养观，以孝为本、孝道为先的孝道观念，影响中国两千多年，至今仍具有宝贵的社会意义和实用价值。武氏子孙把这个故事刻在祠堂显著的位置，是有意为之的，正如题记所说“后世凯式，以正橅纲”。

武梁祠石室西壁第三层画像、前石室第七石第一层画像中，轺车之后，一少年跪地，一长者坐在车上。“跪地者”为闵子骞，“长者”为子骞父。宋代李昉等人所撰《太平御览》中引张学授《孝子传》中记述的以“德行”著称的孔子弟子闵子骞孝敬父母的故事：有一次外出，少年闵子骞赶车时，手冻失御。其父责打，发现子骞身穿芦衣，知其后母虐待真相后，要休其后母。子骞极力为后母求情，后母免于被休，至为感动，日后遂改恶从善。闵子骞的孝行，使一家人不仅免于离散，而且得以和睦相处，因此被奉作孝行的典范。这就是鞭打芦衣的故事。

武梁祠石室第三层和武氏祠前石室第七石第二层处刻“老莱子娱亲”故事。《史记》《战国策》《高士传》等书中都记有老莱子的故事。70岁的老莱子身着斑斓衣使双亲欢娱，以尽孝的行为教育后人。由此反映出汉代侍奉老人不仅体现在对老人物质生活的关心，而且还体现在想方设法让老人心情愉悦，将孝道延伸到了精神上的抚慰。

武梁祠石室后壁第二层、武氏祠前石室第七石第一层和左石室第八石第一层，三处刻着“邢渠哺父”故事。宋代李昉等人所撰《太平御览》引萧广济的《孝子传》中，记述了邢渠对年老脱齿的老父自哺尽孝的故事。这一故事的画面连着出现三次，可见当时流传之广及人们对邢渠尽孝故事重视的程度。

武梁祠石室西壁第三层及武氏祠左石室第八石第一层，两处刻有“丁兰供木人”的故事。孙盛《逸人传》中记载了丁兰刻木及官府表彰孝亲的故事：丁兰父母早死，刻木人奉如生前。邻人张叔借物，其妻告木人，木人似不悦，未借给。张叔醉骂木人，并以杖击其头。丁兰剑杀张叔，张家人虽告到官府，但因丁兰系尽孝行为遂免于罪责。这个故事说明为孝甚至可以改动“杀人偿命”的法度。曹植《灵芝篇》咏道：“丁兰少失母，自伤早孤茕。刻木当严亲，朝夕致三牲。暴子见陵侮，犯罪以亡形。丈人为泣血，免戾全其名。”后人有记其不但免戾，反致得官。《二十四孝图》还记述了其妻刺木像出血及丁兰弃妻的故事。

武梁祠石室后壁第二层刻“韩伯榆被笞”。汉人刘向《说苑》中记述了伯榆伤亲的孝亲故事：韩伯榆有过，其母责之，因母力不足，不能使其痛而泣下，示孝子对母关心之意。画像上方有题记20个字。

武梁祠石室后壁第二层刻“董永卖身侍父”。《孝子图》中记载着董永卖身葬父的故事：董永，西汉千乘人（今山东博兴人），家贫，因父亲生病，生活拮据。父亲死后，他卖身为奴，为父亲办丧事，后感动了神灵。曹植《灵芝篇》中又有对董永之咏：“董永遭家贫，父老财无遗。举假以供养，佣作致甘肥。责家填门至，不知何用归。天灵感至德，神女为秉机。”意思是说董永父在时借钱，佣作养父，其孝心从而感动神灵。

武梁祠石室后壁第二层刻“金日磾思母”。东汉人王充《论衡·乱龙篇》记载了休屠王太子金日磾孝敬母亲阏氏的故事：西汉时期，西北方的匈奴族休屠王降顺汉朝，金日磾沦为官奴。有一次汉武帝在宫中宴游欢乐之极，偶然发现了金日磾，并封他为马监。后来官至骑都尉。金日磾非常孝顺母亲，母亲死后，汉武帝曾特地为她画像，金日磾经常对母亲的画像跪拜尽孝，每次拜谒时总是泣涕沾襟，久久不忍离去。人们见一个匈奴人对母亲还能如此孝顺，都很受启发，对他的孝行也纷纷予以夸赞。

武梁祠石室东壁第三层刻“魏汤报仇”。《太平御览》引萧广济《孝子传》中记载的魏汤为其父复仇的故事，讲述了恶毒少年无理殴打汤父，汤杀少年，断其头以谢父墓的孝行。

武梁祠石室东壁第三层右侧刻“三州孝人”。此故事本出《孝子传》，后被记入《太平广记》，收入《太平御览》第六十一卷。故事内容是说二人是孝子，对义父的要求百依百顺，因而能以孝感动天神，特为他们盖好了房子。

武梁祠石室东壁第三层最左侧刻“孝孙原谷”。这一故事见《孝子传》，载于《太平御览》五百一十卷。故事大致内容是：原谷祖父年老，其父不孝，用舆（担架）把祖父抬走，扔到郊外。原谷暗自跟随前往，把舆又抬了回来。其父知道后，惭愧悔悟，遂返回郊外，把自己的父亲接来，认真奉养，变成了孝子，原谷便被人们称作孝孙。

武梁祠石室东壁第三层刻“义浆羊公”；武梁祠石室后壁第二层刻“朱明、朱明弟、朱明儿、朱明妻”；武氏祠左石室后壁小龛东侧第一行和小龛外东侧分别刻伯奇故事和舜的孝子故事等。以上这些故事都从不同角度宣扬了一个“孝”字，自然是要通过对孝道的提倡贯彻“父为子纲”的精神，以达到稳定统治的目的。

汉画像石题记是对建造陵墓、祠堂的目的和意义的整体说明，是研究两汉丧葬制度的文字资料。山东汉画像石中的大量题记内容，反映了当时人们对生死观念的信仰和理解，它真实地体现了当时人们的思想观念。画像石的载体包括墓阙、石碑、石像、祠堂、墓室，其中墓阙、祠堂、石碑、石像是陵墓的地面部分，墓阙、石碑、祠堂是题记的主要载体。地面祠堂的题记内容大多记载墓主的死亡时间，建造祠堂的目的、工期、造价，也会对死者进行褒扬和赞誉，以供后世寄托哀思，表达孝子的孝道之心。墓室题记与石碑相同，以说明墓主人生平为主，多以韵文的形式记载死者生平，有意夸大荣耀之事，寄托孝子的哀悼之情。

画像石题记是画像石的注解说明，类似当今的连环画的说明。通过图文结合的形式，对图像进行正确诠释有重要意义，可以有效地帮助我们了解许多史料中无法查阅的信息。

注释：

① 傅惜华先生所著《汉代画像全集》即曾收录。陆增祥的《八琼室金石补正》130卷，收石刻和其他器物铭文多达3500余种。其卷二亦仅录西汉刻石数种，沂南《鲍宅山凤凰画像题字》与《群臣上寿刻石》《元凤砖文》《五凤砖文》等名列其中。何应辉主编《中国书法全集·秦汉刻石卷》、华人德主编《中国书法史·两汉卷》等仅有目录，无拓片发表；河南美术出版社《汉碑全集·卷六》收入拓片。华人德先生把汉代刻石的存在类别概括为碑、摩崖、墓志、石阙、石经、杂类等。其中杂类包括画像石题字、封门塞石题字、黄肠石题字、石人石兽题字、买地券、镇墓文等。鲍宅山汉代石刻属于画像石题字范畴。鲁迅另有文论及《鲍宅山凤凰画像》：“凤凰画像摩崖刻计三处。一刻高一尺广一尺六寸，画一凤鸟，左方题‘凤凰’二字，隶书；一刻高广各一尺八寸，作一凤，较小于前。又一凤首左上方题小字一行云：‘三月七日凤’，右方大字一行云‘东安王钦元’，均隶书；一刻高五寸广三寸，有‘元□’二字可辨，隶书。在山东沂水西南七十里鲍宅山。”何应辉主编《中国书法全集·秦汉刻石卷》，附录秦汉刻石年表收录“前75年，汉元凤六年，鲍宅山凤凰画像题字”。

② 赖非：《山东书法全集·秦汉碑刻》，山东画报出版社2013年版。

③ 朱存明：《汉画像石的地域分布及特征》，《美术报》2017年7月。

④ 济宁市文物考古研究室发掘清理，资料待整理。

⑤ 杨建东：《山东省微山县微山岛汉代墓葬》，《考古》2009年第10期。

⑥ 济宁市文物考古研究室、泗水县文物管理所发掘清理，资料待整理。

⑦ 王思礼、赖非、丁冲、万良：《山东微山县汉代画像石调查报告》，《考古》1989年第8期；微山县文物管理所：《山东省微山县微山岛汉代墓葬》，《考古》2009年第10期。

⑧ 济宁市博物馆：《山东济宁师专西汉墓群清理简报》，《文物》1982年第9期。

⑨ 山东省文物考古研究所、济宁市文物局、兖州博物馆：《兖州徐家营墓地》；山东省文物考古研究所编：《鲁中南汉墓》，文物出版社2009年版。

⑩ 南京博物院、山东省文物处：《沂南古画像石墓发掘报告》，文化部文物管理局1956年版。

⑪ 安丘县文化局、安丘县博物馆：《安丘董家庄汉画像石墓》，济南出版社1992年版。

⑫ 管恩洁、雷启明、尹世娟：《山东临沂吴白庄汉画像石墓》，《东南文化》1999年第6期。

⑬ 陈昆麟、孙淮生、刘玉新、杨燕、李付兴、吴明新：《山东东阿县邓庙汉画像石墓》，《考古》2007年第3期。

⑭ 党浩、李胜利、李勇：《山东长清大街村发现汉代画像石墓》，《中国文物报》2006年1月18日。

⑮ 2014年山东省文物考古研究所、济宁市文物考古研究室、嘉祥县文旅局联合发掘，资料待整理。

⑯ 汶上县路公食堂画像石题记中有："天凤三年立食堂"；微山两城永和二年画像石题记："思念父母，弟兄悲哀，乃治冢作小食堂"；邹城市发现"食斋祠园"画像题记。

⑰ 王充：《论衡·四讳篇》，《诸子集成》本，中华书局1978年版。

⑱ 蒋英炬、吴文祺：《汉代武氏墓群石刻研究》，山东美术出版社1995年版。

⑲ 蒋英炬、杨爱国：《朱鲔石室》，文物出版社2016年版。

⑳ 蒋英炬：《汉代的小祠堂——嘉祥宋山汉画像石建筑复原》，《考古》1983年第8期。

㉑ 胡新立：《邹城新发现汉安元年文通祠堂题记及图像释读》，《文物》2017年第1期；胡广跃：《山东邹城新出土"汉安元年文通祠堂"画像石》，《碑林集刊》2014年。

㉒ 刘敦桢：《山东平邑县汉阙》，《文物参考资料》1954年第5期。

㉓ 刘心健、张鸣雪：《山东莒南发现汉代石阙》，《文物》1965年第5期。

㉔ 刘云涛：《山东莒县东莞出土汉画像石》，《文物》2005年第3期。

㉕ 滕州市汉画像石馆：《染山汉墓》，齐鲁书社2010年版。

㉖ 蒋英炬：《孝堂山石祠》，文物出版社2017年版。

㉗ 王相臣、唐仕英：《山东平邑县皇圣卿阙、功曹阙》，《华夏考古》2003年第3期。

㉘ 杨爱国：《山东石刻分类全集·汉代画像石（一）》，青岛出版社、山东音像文化出版社2013年版。

㉙ 郑立君：《论汉代画像石的装饰图案设计》，《东南文化》2010年第2期。

㉚ 陈复华等：《古代汉语词典》（第一版），商务印书馆1991年版。

㉛ 王国维校：《水经注校》，上海人民出版社1984年版。

㉜〔宋〕范晔撰，〔唐〕李贤等注：《后汉书》，中华书局1962年版。

㉝ 端方：《陶斋藏石记·卷一》，商务印书馆1911年版。

㉞ 程少奎：《山东肥城发现"永平"纪年画像石》，《文物》1990年第2期，第92–93页。

㉟ 罗福颐：《芗他君石祠堂题字解释》，《故宫博物院院刊》1960年总二号，第178–180页。

㊱㊲ 傅惜华：《汉代画像全集》（初编），商务印书馆刊印，1950年，图129。

㊳ 傅惜华：《汉代画像全集》（初编），商务印书馆刊印，1950年，图7。

㊴ 傅惜华：《汉代画像全集》（初编），商务印书馆刊印，1950年，图32。

㊵ 傅惜华：《汉代画像全集》（初编），商务印书馆刊印，1950年，图200。

㊶ 王思礼：《山东肥城汉画像石墓调查》，《文物参考资料》1958年第4期，第35页，图1。

㊷ 山东博物馆、山东省文物考古研究所：《山东汉画像石选集》，齐鲁书社1982年版，图351。

㊸ 山东博物馆、苍山县文化馆：《山东苍山元嘉元年画像石墓》，《考古》1975年第2期；杨爱国：《山东苍山城前村画像石墓二题》，《华夏考古》2004年第1期。

㊹ 李发林：《山东苍山元嘉元年画像石墓题记试释》，《中原文物》1985年第1期。

㊺ 王恩田：《苍山元嘉元年画像石墓考》，《四川文物》1989年第4期。

㊻ 孙机：《苍山元嘉元年汉画像石墓与题记》，载于《寻常的精致》，辽宁教育出版社1996年版。

㊼ 杨爱国：《山东苍山城前村画像石墓二题》，《华夏考古》2004年第1期。

㊽ 朱锡禄：《山东嘉祥宋山1980年出土的汉画像石》，《文物》1982年第5期。

㊾ 杨爱国：《汉代画像石榜题略论》，《考古》2005年第5期。

㊿ 杨爱国：《幽明两界——纪年汉代画像石研究》，陕西人民美术出版社2006年版。

㉛ 王滢：《山东江苏汉画像石榜题研究》，载于《中国汉画学会第九届年会论文集》（上），中国社会出版社2004年版。

㊽ 张哲：《汉画像石题榜与题记研究》，《中山大学研究生学刊》（社会科学版）2014年第1期。

㊾ 周绅：《略论汉画像石题记的文化功能与属性》，《博物院》2019年第1期。

㊿ 高文：《汉碑集释》，河南大学出版社1997年版。

55 邢义田：《画为心声：画像石、画像砖与壁画》，中华书局2011年版。

56 黄景春：《早期买地券、镇墓文整理与研究》，华东师范大学博士学位论文，2004年。

57 信立祥：《论汉代的墓上祠堂及其画像》，载于《汉代画像石研究》，文物出版社2018年版。

58 赵超：《汉代画像石墓中的画像布局及其意义》，《中原文物》1991年第3期。

59 同②，第553页。

60 胡广跃：《石头上的中国画——武氏祠画像诠释》，三秦出版社2014年版。

61 生克昭编辑，王襄、容庚、柯昌泗参订：《滕县金石志》，1944年北京法源寺刻本，第27页。

62 该石现藏济宁市任城区汉文化博物馆。资料收录在《山东馆藏石椁画像调查与研究》，于秋伟、胡广跃等编撰。

63 胡广跃：《任城王汉墓黄肠石题刻全集》，三秦出版社2015年版。

64 杨树达：《汉代婚丧礼俗考》，上海文艺出版社1988年版，第144页。

65 济宁市博物馆：《山东济宁师专西汉墓群清理简报》，《文物》1992年第9期。

66 黄佩贤：《汉代墓室壁画研究》，文物出版社2008年版。

67 李发林：《山东汉画像石研究》，齐鲁书社1982年版。

68 内蒙古自治区文物考古队：《和林格尔汉墓壁画》，文物出版社1978年版。

69 罗福颐：《芗他君石祠堂题字解释》，《故宫博物院院刊》1960年。

70 71 武利华：《徐州汉画像石通论》，文化艺术出版社2017年版。

72 叶昌炽撰，柯昌泗评：《语石·语石异同评》，中华书局1994年版，第180–181页。

73 赵超：《中国古代石刻概论》，上海古籍出版社2006年版，第17–31页。

74 杨子墨：《汉代石碑中的画像艺术》，载于《中国汉画学会第十五届年会论文集》，人民美术出版社2015年版。

75 意思是说："庙里有祭祀所用器具，没有专人掌管保存。（因此）请求设置一个百石卒史，负责管理宗庙，春天秋天举行祭礼，裁定出公家的钱作购买供品之用。"

⑯《韩非子·显学》："世之显学，儒、墨也。"春秋战国时期，墨家与儒家并称"显学"。

⑰《论语·为政》："子游问孝。子曰：'今之孝者，是谓能养。至于犬马，皆能有养；不敬，何以别乎。'"见朱振家：《论语全解》，上海古籍出版社2014年版。

⑱《论语》（子罕篇第九·十六）："子曰：'出则事公卿，入则事父兄，丧事不敢不勉，不为酒困，何有于我哉？'"见朱振家：《论语全解》，上海古籍出版社2014年版。

⑲元代郭居业编《二十四孝》中第七孝为"汉文帝亲尝汤药"。

⑳胡广跃：《浅论武氏墓群石刻画像中的孝道思想》，载于故宫博物院编《黄易与奎石学论集》，故宫出版社2012年版。

# 第二章

# 祠堂画像石题记

## 一、汶上天凤三年路公食堂画像石题记

该石立于新莽天凤三年（16）。山东济宁汶上县出土，具体地点不详。被发现后，归曲阜孔氏所得，继归济南金石保存所，复归山东省立图书馆（今山东省图书馆），今藏山东博物馆。

石已残，拓片高27.5厘米，宽70.5厘米。图像采用凿纹地凹面线刻，内容为车骑向

图2-1　汶上天凤三年路公食堂画像石拓片

左前行。画像左侧仅一车的后半部分，后随二骑和双马驾驶的轺车。画像右侧题记2行，隶书，34字[①]：

□□元年二月廿日□□□□□□□公昆弟

□天凤三年立食堂路公治严氏春秋不逾

## 二、肥城桃园西里村永平十一年祠堂后壁题记

该石题记时间为东汉明帝永平十一年（68），系民国初年山东肥城桃园西里村出土，被农民砌于墙中。1982年当地文物普查时发现后，将其移藏肥城市博物馆。

图2-2　肥城桃园西里村永平十一年祠堂后壁画像石拓片

该石残存右半段。高86厘米，残宽72厘米。图像雕刻技法为磨面阴线刻。上边和右边有边栏三道，内饰菱形纹和连环纹。图像分三层，题记位于中层。

上层，战争场面：左边一人向右射箭，脚前地下置一弓二箭，前面有一人持剑刺一倒地之人；右边二人执弩向左。

中层，右上角为伏羲执规向左；伏羲面前为一重檐双阙，阙顶立一鸟；阙柱上有题记1行，隶书，10字，文曰：永平十一年正月廿七日；阙右边有一人捧盾躬身向左站立，其后一马

① 参见欧阳摩一撰：《论汉画像石文字榜题和题记》，《东南文化》2008年第1期，第61–65页。

露出前半身；阙左边残存三层楼堂一座，楼顶一鸟立、一鸟飞，右边有一人执毕捕鸟；三层楼内各有一人正面端坐，上二人左侧有题记，惜不能辨识；楼右边有一辆轺车向左行驶。

下层，右边有两只猴子攀树；其左一人执伞盖向左站立，伞盖下一人向左侧立；其面前一人向右拱手而立。

## 三、肥城桃园西里村永平十六年祠堂后壁题记

该石题记时间为东汉明帝永平十六年（73），与永平十一年石同时同地出土，被农民砌于墙中。1982年当地文物普查时发现后，将其移藏肥城市博物馆。

该石高73厘米，宽134厘米。图像雕刻技法为磨面阴线刻。图像内容为楼阙人物。题记7处，部分文字已无法辨识。

画像石由于风化和磨损，部分画面已不清晰。画面左、上、右三边饰连环纹、凿纹、菱形纹、斜线和宽带，下方残存出行图，行列中的两辆车向左行进。画面主体为一座三层楼，左右立重檐双阙。阙顶立长尾鸟，下层檐外侧有小兽向上爬行。楼顶立祥禽瑞兽。楼左右立柱上皆题刻文字。

左柱上的文字已磨灭，只见字痕，不能识读。

右柱上题记为：永平十六年八月廿五日过中时诵梁里羽记去循马……

从下至上，第一层楼内右侧残存二人，均躬身。楼外立一人，题记2处，位于右边人物左右两侧。右边人物左上方题记1行，隶书，4字，文曰：孔子□子。左边人物身后题记3行，20余字，大部分漫漶不清，仅能识出“病”“定”“明”“仲”“遗”“升”“题”等字。

从下至上，第二层楼内刻三人，左一人模糊，右二人对坐。右二人头侧均有题字，右题“□侯”，左题“为□□大夫”。

从下至上，第三层楼内刻二人，均为女性，正面拱手端坐，右一人头侧题“□人”。①

① 参见程少奎著：《山东肥城发现“永平”纪年画像石》，《文物》1990年第2期，第92–93页。

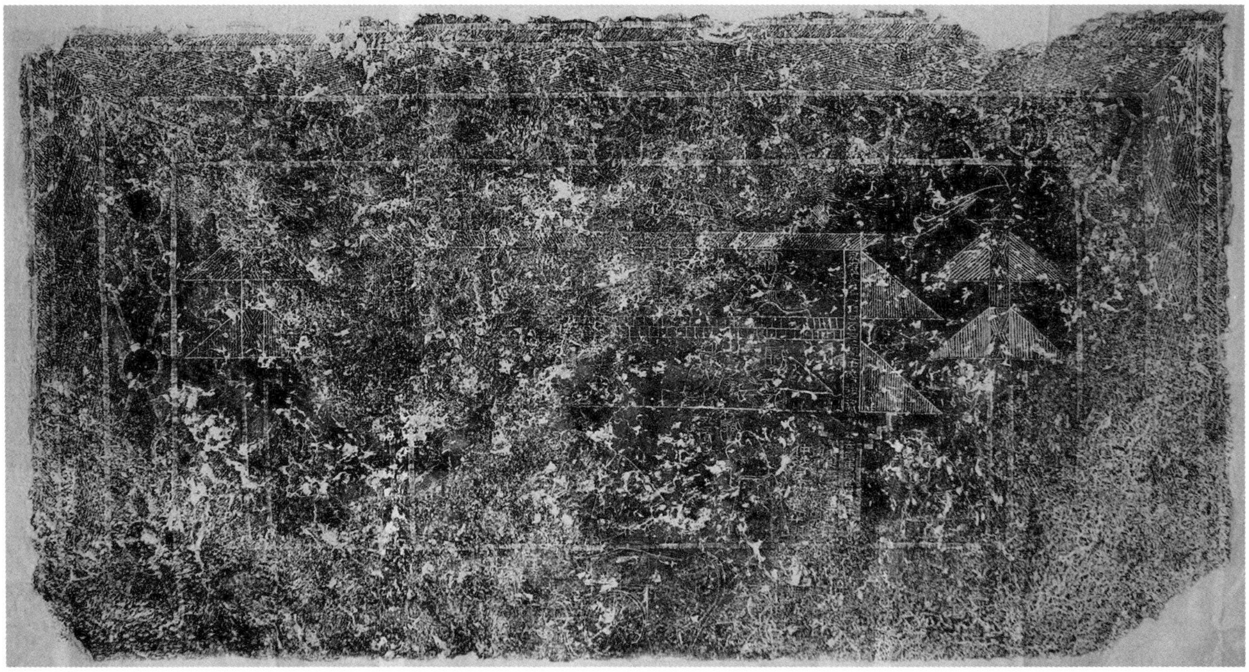

图2-3　肥城桃园西里村永平十六年祠堂后壁画像石拓片

## 四、肥城栾镇村建初八年张文思为父造祠堂后壁题记①

该石刻于东汉章帝建初八年（83）。1956年7月山东肥城县（今肥城市）西南安驾庄区栾镇村一座古墓发现两块祠堂后壁画像石，其中之一便是该石，现藏山东博物馆。

石高78厘米，宽149厘米。图像雕刻技法为磨面阴线刻，上端和左右两边刻有菱形纹和穿璧纹。整个画面可分为三部分，题记位于画面下部右阙阙身。

画面上层为战争和车骑场面。左起胡卒张弓射箭，右边汉骑执矛、戟，前一骑刺倒一卒，骑后一步卒执刀，手提一跪地胡人献于车前。车后是三鱼驾车、鹿车和羽人骑鹿。

画面中层刻狩猎场景。猎人有的荷戟、执矛，有的射鸟，两条猎犬正在追逐鹿和兔。

画面下层是一楼双阙。楼为二层。楼顶左右刻伏羲、女娲。楼上三人歌舞弹琴。楼下四人击鼓、吹笙、吹排箫、吹横笛。两边楼梯上有人上下。堂前，主人凭几而坐，身

① 参见赖非主编：《山东书法全集·秦汉碑刻》，山东画报出版社2018年版，第27页；王恩礼著：《山东肥城汉画像石墓调查》，载于《文物参考资料》1958年第4期，第34-36页。

图2–4　肥城栾镇村建初八年张文思为父造祠堂后壁画像石拓片（山东博物馆藏拓片）

图2–5　肥城栾镇村建初八年张文思为父造祠堂后壁题记拓片

旁有执兵器的侍卫和仆人。其右，树下系一马。两阙外有鱼和水鸟。左阙中坐一人，阙下一人执戟刺虎。右阙中坐一人垂钓，阙身有题记2行，隶书，26字，文曰：

建初八年八月成孝子张文思

哭父而礼石值三千王次作勿败□

## 五、济宁永元五年祠堂后壁残石题记

该石立于东汉和帝永元五年（93）。山东济宁出土，时间、具体地点不详，现藏济宁市博物馆。

该石残存左上角，高51厘米，宽64厘米。图像雕刻技法为凿纹地凹面线刻。画面仅存左侧部分二层楼阁和重檐双阙。题记2处，一处位于阙身，一处位于画面左侧。

图2-6　济宁永元五年祠堂后壁画像残石拓片

二层楼堂楼顶有一鸟展翅而立。楼上二女子并排正面端坐，笼着双手。楼下，右侧一人向右凭几端坐，其后一人正面站立。楼外左边一人执笏躬身向右站立。

楼左侧为重檐双阙。阙顶有一猴攀缘；阙顶下层檐右边有一人向右站立，左边为一鸟向右站立；阙柱左边一人执笏向右站立。

阙柱上有题记1行，隶书，11字，文曰：大岁在巳永元五年六月成

阙柱左边之人身后题记1行，隶书，8字，文曰：此中人马皆食大仓

## 六、曲阜延平元年阳三老石堂题记

该石立于东汉殇帝延平元年（106），清光绪十四年（1888）出土于山东曲阜，今藏中国国家博物馆。

画像已全蚀，仅余左边隶书题记3行，78字。“阳三老”三字居中在中行之上，式如碑额。文曰：

延平元年十二月甲辰朔十四日石堂毕成时大岁在丙午鲁北乡侯

阳三老自思省居乡里无宜不在朝廷又无经学志在共养子道未反

感切伤心晨夜哭泣恐身不全朝半祠祭随时进食□不□□

图2-7　曲阜延平元年阳三老石堂题记拓片

## 七、山东永初七年戴氏享堂画像石题记

该石立于东汉安帝永初七年（113）。早年于山东出土，具体地点不详，出土后归端方，现藏瑞士苏黎世里特贝尔格博物馆。

端方在《陶斋藏石记》中载：“石高一尺七寸，广三尺七寸八分。”傅惜华在《汉代画像全集》（初编）中记拓片纵91厘米，横120厘米。图像雕刻技法为剔地浅浮雕。图像分三层，题记位于图像左右两侧。

图像四周有边栏，画面分三层。

上层，中间一人正面站立，其左坐五人，右坐二人；右边

两人对坐，其间置一樽。

中层，百戏：中竖一建鼓，鼓顶羽葆飘扬；二人相对坐鼓座上舞击建鼓。左边羽葆之上有二人对坐，似在吹排箫；左上角一人立观；左下角有大树一株，树顶立一凤鸟；树下刻一人倒立，一人奏乐。中层右边一人舞长袖，一人跳丸；羽葆之上一人坐观，其后为一猴；右下角三人跪坐吹箫、笙、横吹。

下层，图像分七格，每格内一兽，似为狐、兔、鹿、猪等，或立，或奔。

图像左右各有隶书题记1行，共95字，文曰：

（右）戴□孔道建石室五千郭苞二千五百五戴□戴□伍著承超阳勋蒴卿张年并九千五百以永初七年闰月十八日始立成

（左）戴掾君寿九十三薄命以永初四年六月十七日庚午病卒戴母年九十二以永初五年八月廿九日病卒父母夭蚤云门

图2-8　山东永初七年戴氏享堂画像石拓片

## 八、滕县西户口延光元年祠堂画像石题记

该石题记时间为东汉安帝延光元年（122）。1958年在滕县城东桑村公社西户口（今属枣庄市山亭区）一古墓中发现，今藏山东博物馆。

左上角略残。高135厘米，宽47厘米。图像雕刻技法为深剔地平面线刻。图像内容分七层，题记位于石左上方。

从上到下第一层为九头人面兽。第二层刻乘鹿车骑鹿出行的人物。第三层中间为两人持械格斗，左右各有一人观看。第四层刻六人执毕向左站立。第五层是人物一列向左站立。第六层为一辆牛车向左行驶，车后露出一骑者的前半身。第七层中间是一蹶张，左右各有一人执斧相向站立。

石左上方有隶书题记2行，共53字：

延光元年八月十六日暴失命掾故县门下功曹游徼市掾弟圣□□

□□经召县功曹主簿府文学掾师安弟党□□家安弟平明于□

图2–9　滕县西户口延光元年祠堂画像石拓片

## 九、微山两城永建五年食堂画像残石题记

该石于东汉顺帝永建五年（130）立。此石早年出土于山东省济宁县（今属微山县）城东南两城山，为鱼台马星垣所得，继归王凤麟，后入济宁文庙明伦堂，现下落不明。

石左段残佚，高46厘米，宽22厘米。傅惜华《汉代画像全集》（二编）所收拓片纵44厘米，横30.5厘米。图像雕刻技法为剔地浅浮雕。上边栏三道，间饰连弧纹、斜线纹。右边栏两道，间饰斜线纹。图像仅存一人向右跪坐。旁有隶书题记5行：

永建五年大岁在庚午二月廿

三日□□□□□立此食堂

当□□□□□□□居□意

□学□阳何意被天灾蚤离父

母□□□□□□□五千

图2-10　微山两城永建五年食堂画像残石拓片

## 一〇、微山两城永和元年王成母食堂画像石题记

该石刻于东汉顺帝永和元年（136）。1998年5月出土于山东微山两城乡陈庄，被发现时，该石为宋代单石椁墓的北挡板，现藏微山县文物管理所。

该画像石高95厘米，宽140厘米。图像雕刻技法为剔地浅浮雕。题记位于画像右侧。

图像四周边栏两道。画面中央为一厅堂，堂顶左右有猴上爬，堂内一人正面端坐；图左一犬向左，犬上部有一骑向左；厅堂右边是一鱼向内，其后一铺首，其上一鸟一鱼左向而立。

图像外右侧有隶书题记3行，共40字，文曰：

永和元年大岁在丙子十二月廿六日阴□□

王成母丘食堂直钱五千口石工严申作

兴隆元住食堂

图2-11　微山两城永和元年王成母食堂画像石拓片

# 一一、微山两城永和二年食堂侧壁题记

该石刻于东汉顺帝永和二年（137）。早年出土于山东微山两城，1953年运至曲阜文物管理委员会收藏，今藏山东曲阜孔庙。

石高92厘米，宽90厘米。图像雕刻技法为剔地浅浮雕。有榜题6处，题记1处，共84字。

画面左、上、右三边饰水波纹夹斜线纹，下边饰水波纹夹分段条带纹。图像中部刻大树一株，上有羽人、凤鸟、人首鸟身者和飞鸟；树下左边二人张弓仰射，右边一人牵马。

图2-12　微山两城永和二年祠堂侧壁画像石拓片

画面榜题6处，隶书，共12字。凤鸟上方刻“蜚鸟”，下边刻“乌生”，右上角刻“山鹊”，二射者刻“长卿”“伯昌”，牵马者刻“女黄”。

题记刻于画像石右侧画框外，隶书2行，文曰：

（永和二年）大岁在卯九月二日茀乡广里泱□昆弟男女四人少□□□复失慈母父年（下缺）

时经有钱刀自足思念父母弟兄悲哀乃治冢作小食堂传孙子石工刑（嫧）□□□□□财弗（费）直万（下缺）

## 一二、微山两城永和六年桓孨食堂后壁画像石题记

该石立于东汉顺帝永和六年（141）。1975年出土于山东微山两城山西麓，今藏微山县文物管理所。

石高67厘米，宽104厘米。图像雕刻技法为剔地浅浮雕，周边饰斧剁纹。图像内容为厅堂人物。题记2处，位于画框外左右两侧。

图2-13　微山两城永和六年恒孨食堂后壁画像石拓片

画面之中为一厅堂，厅堂上垂幔，内为男、女主人端坐，右边四人恭立，左边二侍女正面站立。厅堂顶上有羽人、凤鸟、猴子等祥禽瑞兽。

画框外侧左右各有内容相连的隶书题记1行，共88字，文曰：

（右）永和四年四月丙申朔廿七日壬戌桓孨终亡二弟文山叔山悲哀治此食堂到六年正月廿五日毕成自念悲

（左）痛不受天祐少终有一子男伯志年三岁却到五年四月三日终俱归皇泉□何时复会慎勿相忘传后子孙令知之

## 一三、鱼台建康元年文叔阳食堂画像残石题记

图2-14　鱼台建康元年文叔阳食堂画像残石拓片

该石立于东汉顺帝建康元年（144）。早年出土于山东鱼台，具体地点不详，为鱼台马星垣所得，继归端方，后去向不明，现藏法国。

石左段残佚，高47厘米，宽49.5厘米，《陶斋臧石记》载：“石高二尺六寸微强，广二尺一寸。左下斜缺约三寸。”傅惜华在《汉代画像全集》（初编）中记拓片纵68.5厘米，横64厘米。图像雕刻技法为剔地浅浮

雕，题记位于画像左部。

画像边栏三道，间饰斜线。图中为二人对坐，顶上有一飞鸟。

题记刻在人物左侧，隶书，6行，行12字至15字不等，共79字，文曰：

建康元年八月乙丑朔十九日丁未寿

贵里文叔阳食堂叔阳故曹史行

亭市掾乡啬夫廷掾功曹府文学

掾有立子三人女宁男弟叔明女弟

思叔明蚤失春秋长子道士□

立成□直钱万七故曹史市掾

## 一四、嘉祥武翟山村建和二年武氏祠左石室

该石立于东汉桓帝建和二年（148），清乾隆五十一年（1786）于山东嘉祥县城南15千米武翟山村北出土，石藏原地，即今嘉祥武氏墓群石刻博物馆。当时已成散石，黄易等人根据它相对于武梁祠画像石的位置，定其为“左石室”，经复原，左石室为两开间单檐悬山顶房屋式建筑，后壁正中有一向外伸出的小龛，除此小龛外，其形制结构、大小都与山东长清孝堂山石祠相似。

### （一）画像一[①]

出土于山东省嘉祥县城南14千米武翟山下武氏祠堂内。

拓片高64厘米，宽111.5厘米。

画面分两层，皆为历史故事类。

第一层题记6处，文曰：

王陵之母见获于楚陵为汉将与项相距母见汉使曰汉长者因伏剑死以免其子

侯嬴

公子无忌魏信陵君虚左□□□□□□侯嬴□□□□朱亥言语□□□□不改

乞宿妇

颜淑握火

① 参见傅惜华、陈志农编：《山东汉画像石汇编》，山东画报出版社2012年版，第453页。

图2-15　颜淑握火题记拓片

图2-16　颜淑握火画像石拓片

颜淑独处飘风暴雨妇人乞宿升堂入户燃蒸自烛惧见意疑未明蒸尽摍笮续之

第二层题记4处，文曰：

上（泐）令

范赎兄考

外黄狱吏

义士范赎陈留外黄兄（下泐）赎诣寺门求代考躯

图2-17　范赎故事画像石拓片

### （二）画像二[①]

此石原系武氏祠画像其一之左部，右上方山纹上刻清光绪六年（1880）陈锦题字1行，曰："新出土石，与左室第一石连，庚辰增入。补勤志。"此石初归端方，民国后流传海外。石残，拓片高61.5厘米，宽81厘米。

画面两层，皆为历史故事类。

第一层题记3处，隶书，共8字，曰："汉使者""王陵母""楚将"。

第二层题记5处，隶书，文曰：

赵宣孟

灵公

宣孟晋卿餔辄翳桑灵公盛怒伏甲嗾獒车右提明超犬绝桓灵辄乘盾爰发甲中

范赎

门亭长

① 参见傅惜华、陈志农编：《山东汉画像石汇编》，山东画报出版社2012年版，第454页。

图2-18　嘉祥武翟山村建和二年武氏祠左石室画像二拓片

## 一五、嘉祥武翟山村元嘉元年武梁祠画像石题记

武梁祠位于嘉祥县纸坊镇武翟山村北，是嘉祥武氏墓群石刻中最早被著录、知名度最高的建筑。清乾隆五十二年（1787）黄易等人挖出时已成散石，石藏原地，即今嘉祥武氏墓群石刻博物馆。经复原，武梁祠为单开间悬山顶房屋式建筑，前面敞开，不设门扉，屋顶两面坡，上刻瓦垄，前后檐刻出瓦当、檐头，面阔241厘米，进深157厘米，高约240厘米。属于武梁祠的画像石有"武梁祠画像"三石构成墙壁，"祥瑞图"两石为屋顶两坡，另有"武家林"断石柱为东壁前承托檐枋的立柱。据武梁碑推测，墓主死于东汉桓帝元嘉元年（151），祠堂当与此同时或稍后建造。

武梁祠含5块画像石，分别是后壁、东壁、西壁、屋顶前坡、屋顶后坡，画像内容涉及民间故事、历史故事、远古神话、豪家世族生活、祥瑞物等，题记102处，共662字。

### （一）武梁祠后壁画像石题记

该石高162厘米，宽241厘米，厚17厘米，横长方形，右上角断碎。雕刻技法为平面浅浮雕。画像从上至下共四层，内容涉及民间故事、历史故事、豪家世族生活等，题记29处，共108字。

第一层：刻画了梁高行、鲁秋胡戏妻、鲁义姑姊舍儿、楚昭贞姜待符四组画像，题记10处，共29字。

1. 梁高行（3处8字）

画面刻四人二马一辎车，题记3处，8字。

画面左起为二马一辎车左向。车后一人站立面右，左手持旌节，其前隶书题“使者”2字。

使者前方帷帐下，一人跪着奉金，其上方隶书题“奉金者”3字。

帷帐下一女子，其上方隶书题“梁高行”3字，此女头戴翅冠，右手持镜，左手执刀。帷帐外一人面左站立，手执便面。

图2-19　武梁祠后壁画像石第一层梁高行拓片

2. 鲁秋胡戏妻（2处6字）

图中刻二人一树，题记2处，6字。

左边一人着冠服，肩扛一棍，上挑一行囊，右手抬起做讲话状，其上方隶书题“鲁秋胡”3字。

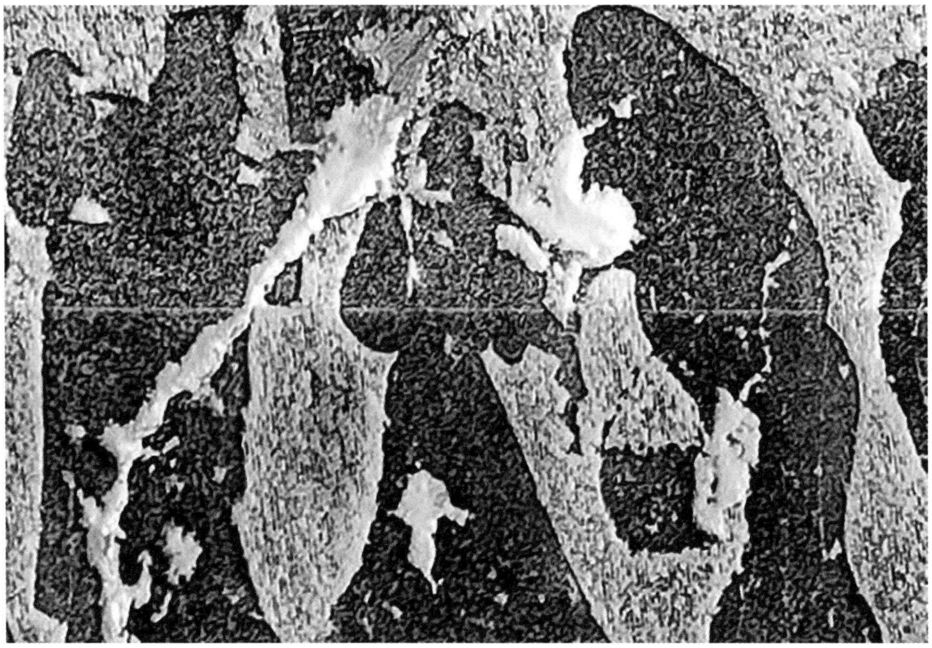

图2-20　武梁祠后壁画像石第一层鲁秋胡戏妻拓片

右边一株桑树，枝繁叶茂，树枝向左倾斜，树左一妇人，身着长裙，正从桑树上折下一条桑枝放进竹篮里，做扭头回望状，其上隶书题“秋胡妻”3字。

3. 鲁义姑姊舍儿（4处11字）

画面刻六人二马一车，题记4处，11字。

画之最左刻二马驾轩车，车上乘坐二人，均面右。车内年老者执旌，上题“齐将

图2-21　武梁祠后壁画像石第一层鲁义姑姊舍儿拓片

军”3字。其前一人骑马右奔。

右边一着长裙妇人左手抱一婴儿，其上方题“义姑姊”“兄子”5字。

中间二人，一人对义姑姊躬身伸臂，一儿童向义姑姊伸出双手，义姑姊却伸出右手阻止。儿童下部题“姑姊儿”3字。

4. 楚昭贞姜待符（1处4字）

画面刻三人，题记1处，4字。

图中一屋宇，屋外右面二人，手执便面伸向左侧屋内之人，其后一人亦伸手招呼，且转身后望。屋宇内坐一夫人，面朝左，右手向前伸出，其上方隶书题2行4字“楚昭”“贞姜”。

图2-22　武梁祠后壁画像石第一层楚昭贞姜待符拓片

第二层：右侧部分残缺，可分辨韩伯榆被笞、邢渠哺父、董永卖身侍父、章孝母、朱明故事、李善保幼主、金日磾思母七组画像，题记15处，共62字。

1. 韩伯榆被笞（2处20字）

图刻二人，题记2处，20字。

左侧一直立妇人右向，右手扶杖，左手前指。其后上部隶书榜题“榆母”2字。

右侧一人面对妇人，双膝跪地，双手掩面，其后上方隶书题记2行，18个字：

伯榆伤亲年老气力稍衰笞之不痛心怀楚悲

（“悲”字刻在此人肩上）

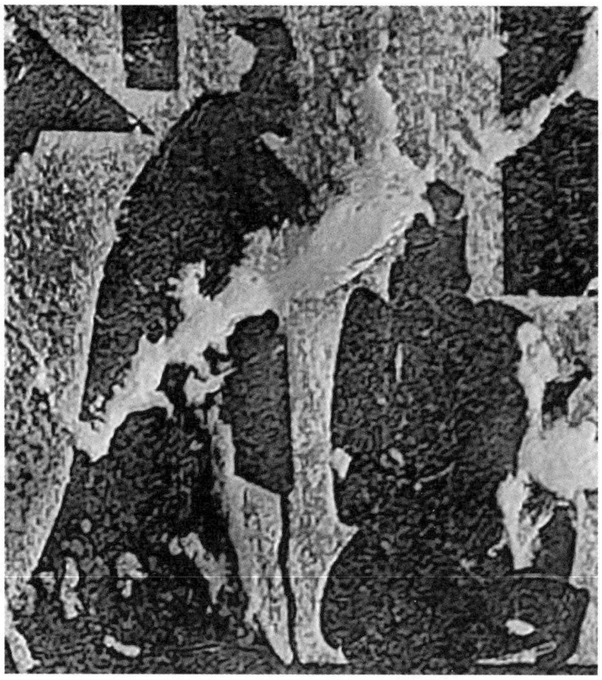

图2-23　武梁祠后壁画像石第二层韩伯榆被笞拓片

2. 邢渠哺父（2处6字）

画面刻两人坐于屋内，题记2处，6字。

图2-24　武梁祠后壁画像石第二层邢渠哺父拓片

右面一白发老者左向屈膝坐在一个绣墩上，右手扶地，左臂微屈，手持一碗，其右上方隶书题“渠父”2字。

对面一男子，面朝老者，双膝跪地，左手置于老翁肩上，右臂上举，手执一双筷子，其身后题记一处，隶书，4字，文曰：邢渠哺父。

3. 董永卖身侍父（2处8字）

画面刻三人，题记2处，8字。

画面右起刻一老人坐于简陋的鹿车之上，人车皆左向，车上一小瓮，老人左肩斜放一鸠头手杖，左手紧握手杖，右手向前高处伸展。手杖上方隶书题“永父”2字。

图2-25　武梁祠后壁画像石第二层董永卖身侍父拓片

画面左侧，一人背对永父站立，手执器盖，回首。两人之间刻隶书1行6字，文曰：董永千乘人也。

字上面空中一人，身穿花边衣，肩生双翼，其袖下垂而做飞舞状。

4. 章孝母（1处3字）

画面刻一人，题记1处，3字。

画像中一妇女面左恭立，其后上部隶书题“章孝母”3字。

图2-26　武梁祠后壁画像石第二层章孝母拓片

5. 朱明故事（4处11字）

画面刻五人一鸟，题记4处，11字。

朱明位右，戴进贤冠，双手执杖，躬身，面左。朱明弟位于朱明前方，回首，面向朱明。左侧二人，身材矮小者为朱明儿，双手抬起，抬头，面向朱明妻；朱明妻亦双手抬起，左手拉住朱明儿右手，似为表现被休后的恋恋不舍。题记清楚，隶书，自右向左为“朱明”“朱明弟”“朱明儿”“朱明妻”。

图2-27　武梁祠后壁画像石第二层朱明故事拓片

6. 李善保幼主（2处8字）

大部分画面被损坏，只留下一部分图像，题记2处，8字。

画面有一帷帐，下有三人。

中间站立一女子，右手拉婴儿手，意欲将此婴拉出去。

左边一盆内有一仰卧的婴儿，上题“李氏遗孤”。

右边向左拱手下跪的一个人上题“忠孝李善”（已残泐不清）。

图2-28　武梁祠后壁画像石第二层李善保幼主拓片

7. 金日磾思母（2处6字）

现此石残破，图残尤甚，图刻二人，题记2处，6字。

画面右侧有一房屋，屋下端坐一人，其上题“休屠象”3字。

屋柱左面一人，拱手跪向右面的人，上署“骑都尉”3字。

图2-29　武梁祠后壁画像石第二层金日磾思母拓片

第三层：中为楼阁燕居，刻画了蔺相如完璧归赵、范雎辱魏须贾、拜谒图，前二者有题记。题记4处，共17字。

1. 蔺相如完璧归赵（2处12字）

画面共三人，题记2处，12字。

右侧一人身佩链节，身躯向右，脸向后转，两手高举，右手高擎一大璧。右侧人物与中间人物之间有题记1行，隶书，10字，文曰：蔺相如赵臣也奉璧于秦。

中间人物冠服佩剑带须，其身后隶书题“秦王”2字。

左边人物恭立于秦王身后。

图2-30　武梁祠后壁画像石第三层蔺相如完璧归赵拓片

2. 范雎辱魏须贾（2处5字）

画面三人，题记2处，5字。

右面一人着冠服，面左而立，身躯前探，右手前伸，其身后上方隶书题“范雎”2字。

左面一人亦着冠服，双膝跪地，抬头前望。其前放一器皿，左上题“魏须贾”3字。

中间一人搀扶跪者。

图2-31　武梁祠后壁画像石第三层范雎辱魏须贾拓片

## （二）武梁祠东壁画像石题记

该石高184厘米，宽139.5厘米，厚16厘米，锐顶，两边有榫，右下角断裂。雕刻技法为平面浅浮雕。画像从上至下共五层，内容涉及远古神话、民间故事、历史故事、豪家世族生活等，第二、三、四层有题记，题记29处，共109字。

第二层：可分使者、梁节姑姊、齐义继母、京师节女四组画像，题记12处，共55字。

1. 使者（1处2字）。

武梁祠东壁画像第二层右起二人，皆右向，第二人身后题隶书“使者”2字。

2. 梁节姑姊（4处31字）

画面共三人，题记4处，31字。

图2-32　武梁祠东壁画像石第二层梁节姑姊拓片

画面右侧一屋宇，顶上落下一片片火焰。

屋下一跌倒面朝上的小儿，其上题“长妇儿”3字。

屋下左柱上刻“梁节姑姊”4字，左柱后一女子半身入内，伸手拉屋内跌倒的小儿。

此女身后，一着冠穿袍之人，弯腰拉住姑姊另一只手，其前题“救者”2字。

救者身后有两人自远处奔跑而来。二人下方隶书题记2行，22字，文曰：

姑姊其室失火取兄子侄辄

得其子赴火如亡示其诚也

3. 齐义继母（5处14字）

武梁祠东壁画像第二层中部刻此故事。画面刻五人，题记5处，14字。

右侧一人面左乘马持剑，上刻“追吏骑”3字。正中下面一人仰卧，上刻“死人”2字。其上，一人跪地扶手，上题“后母子”3字。左侧一男一女二人站立躬身，男子手持一匕首，上题“前母子”3字，着长裙的女子左臂前伸，其身后题“齐继母”3字。

图2-33　武梁祠东壁画像石第二层齐义继母拓片

4. 京师节女（2处8字）

画面二人，题记2处，8字。

画面中一间房子，两柱中间置一床。床上覆以被褥，新沐后长发女子头朝右面躺于床上，其上方题“京师节女”4字。左面一人，身着短衣，手持利刃，俯身向右，正要杀床上仰卧之人，此人身后题“怨家攻者”4字。

图2-34　武梁祠东壁画像石第二层京师节女拓片

第三层：三州（孝）人、义浆羊公、魏汤报仇、颜乌故事、赵徇的故事、孝孙原谷六组画像，题记10处，共27字。

1. 三州（孝）人（1处4字）

画面三人，题记1处，4字。

画面右起一人左向立，左二人与之面对面，一跪一站做拜见状。三人之间题隶书，可辨4字，曰：三州（孝）人也。

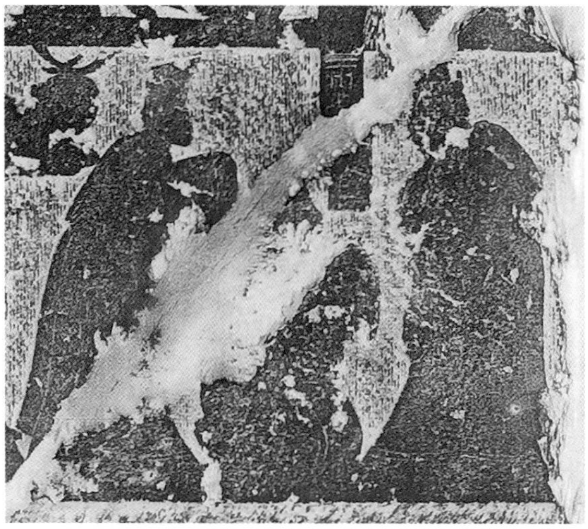

图2-35　武梁祠东壁画像石第三层三州（孝）人拓片

2. 义浆羊公（2处7字）

画面二人，题记2处，7字。

右面坐一人，两手捧碗向前，上题隶书“义浆羊公”4字，身前放着一个罐子，上面有一勺。左立一人，两手前伸，做捧碗而接饮状，身后上方隶书题“亡浆者”3字。

图2-36　武梁祠东壁画像石第三层义浆羊公拓片

3. 魏汤报仇（2处4字）

画面三人，题记2处，4字。画上右侧一人面左持剑站立，左面二人面右跪地拱手，前者昂首拱手，上题“魏父”2字，后者上题“魏汤”字样。

图2-37　武梁祠东壁画像石第三层魏汤报仇拓片

4. 颜乌故事（1处2字）

题记1处，2字。

画像中有一棵大树，一只大鸟栖息于上，旁边题“颜乌”2字，隶书。

图2-38　武梁祠东壁画像石第三层颜乌故事拓片

图2-39　武梁祠东壁画像石第三层赵徇故事拓片

5. 赵徇故事（1处1字）

画面二人，题记1处，1字。

一人坐于矮榻上，另一人站在他的正前方，身材矮小。题记已被毁坏，隐约可辨“赵□□”。

6. 孝孙原谷（3处9字）

题记3处，9字。

画面右起立一人，左向，举着左手，上题“孝孙父”3字。中立一人，体型小，扶着一个方形物，下有二足，即抬人的舆舁，此人站于舆舁右边，一手扶舆，并回头看他的父亲，其上方题“孝孙”2字。画面左部跪坐一人，发白皤然，左上题“孝孙祖父”4字。

图2-40　武梁祠东壁画像石第三层孝孙原谷拓片

第四层：要离刺庆忌、豫让刺赵襄子、聂政刺韩王、钟离春说齐王四组画像，题记7处，共27字。

1. 要离刺庆忌（1处3字）

画面四人，题记1处，3字。

舟上三人，中间冠服者上题“王庆忌”3字，两旁各一人持戟于舟之首尾。庆忌正手抓舟下一人头部往下按。

图2-41　武梁祠东壁画像石第四层要离刺庆忌拓片

2. 豫让刺赵襄子（2处11字）

图中刻三人一马一车，题记2处，11字。

画面左部车马右向，轩车上坐二人，其前上方题“赵襄子”3字。马车前的地上有一件衣服。右部一人持剑倾身，正欲拎衣，衣物上方题记1行，隶书8字，文曰：豫让杀身以报知已。

图2-42　武梁祠东壁画像石第四层豫让刺赵襄子拓片

3. 聂政刺韩王（2处4字）

画面四人，题记2处，4字。

右侧一人面左而坐，右手伸向前方，其后上方题记“韩王”2字。中间二人上下分布，上面一人执剑躬身，上题“聂政”2字；下面一人双膝跪地，左手执匕首前刺，右手抚琴式乐器。左侧一人跪坐。

图2-43　武梁祠东壁画像石第四层聂政刺韩王拓片

4. 钟离春说齐王（2处9字）

画面二人，题记2处，9字。

右侧一人身着冠服，佩剑，左向立，躬身张手做欢迎状，其前题“齐王”2字。左侧一人躬身而立，面向齐王，做进谏状，其后上方题1行7字，曰：无盐丑女钟离春。

图2-44　武梁祠东壁画像石第四层钟离春说齐王拓片

## （三）武梁祠西壁画像石题记

该石高184厘米，宽140厘米，厚16厘米，锐顶，两角有榫，雕刻技法为平面浅浮雕。画像从上至下共五层，内容涉及远古神话、民间故事、历史故事、豪家世族生活等，第二至五层有题记，题记28处，共290字。

第二层：历史上和传说中的伏羲与女娲、祝融、神农、黄帝、颛顼、帝喾、尧、舜、禹、桀十组人物画像，题记10处，共141字。

1. 伏羲与女娲（1处16字）

画面三人，题记1处，16字。

右面是伏羲，头上的冠上方下圆，左手平举，右手执矩，身体下部的鳞尾与女娲相交后向右钩。左面是女娲，其面部已剥蚀不清，只看到半个冠顶，左臂向前平伸，右臂平屈，身体下部的鳞尾与伏羲相交后向左钩。两人中间有一小儿，面朝伏羲，双手拉着两人的衣袖，两脚弯起后向上卷曲。

画面左侧边栏题记1行，隶书，16字，文曰：

伏戏仓精初造王业画卦结绳以理海内

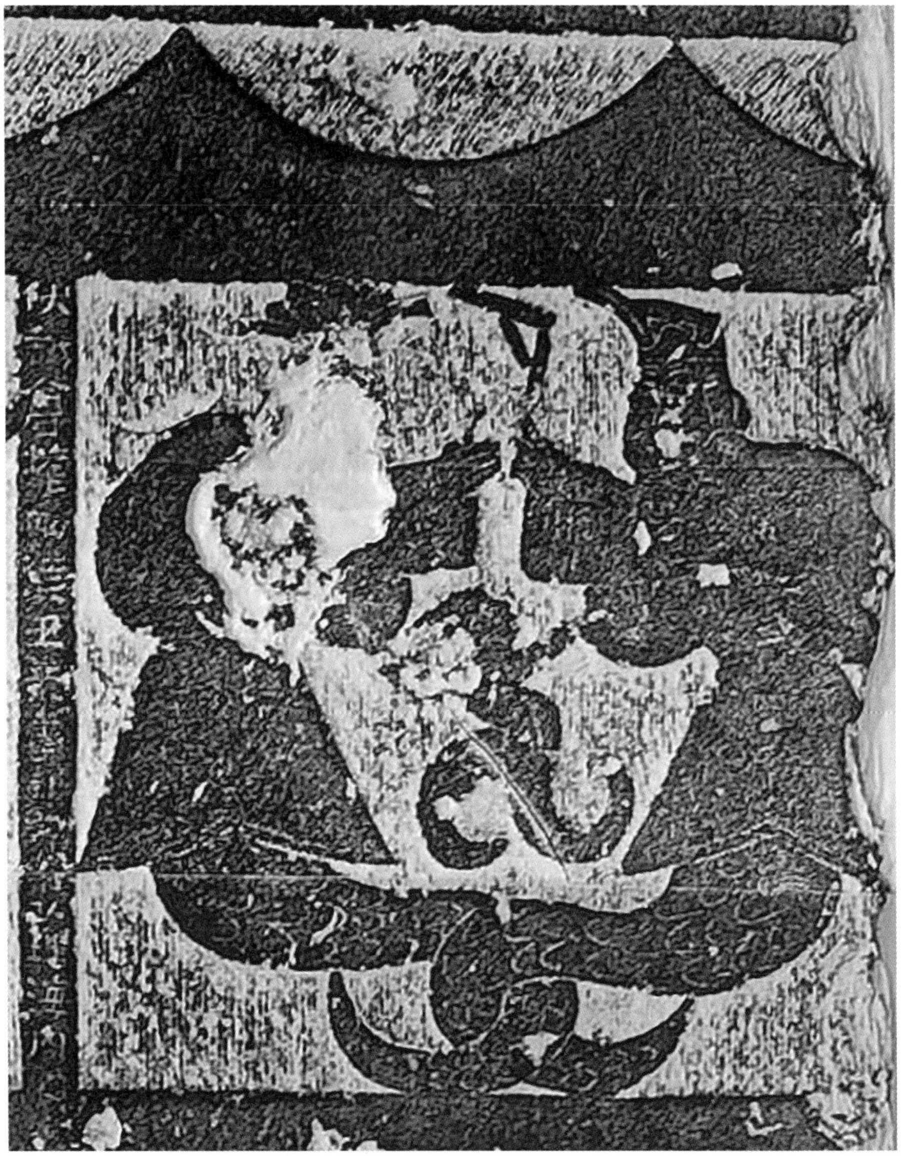

图2-45　武梁祠西壁画像石第二层伏羲与女娲拓片

2. 祝融（1处15字）

画面一人，题记1处，15字。

画面刻一人探身面右（面部已不清）而立，冠上有两翅，衣裳很短，在膝盖之上。左手向上举，右手在胸前平屈。左侧边栏题隶书1行，15字，文曰：

祝诵氏无所造为未有耆欲行罚未施

图2-46　武梁祠西壁画像石第二层祝融拓片

3. 神农（1处15字）

画面一人，题记1处,15字。

刻一人面右而立，头上所戴之冠分两翅，前翅稍短，冠护着头部和耳部，上衣未过膝。人物手中拿着耒，两臂右提左抑，聚精会神地看着下方，耒头插在地上。

左侧边栏题隶书1行15字：

神农氏因宜教田辟土种谷以振万民

图2-47　武梁祠西壁画像石第二层神农拓片

4. 黄帝（1处16字）

画面一人，题记1处，16字。

画面人物身体右向而立，回头向后（左）看。头上戴着后世帝王戴的旒冕。上身穿上衣，两袖肥大，下身着裳。左手向前伸出，右手屈于胸前。

左侧边栏隶书题记1行16字：

黄帝多所改作造兵井田制衣裳立宫宅

图2-48　武梁祠西壁画像石第二层黄帝拓片

5. 颛顼（1处15字）

画面一人，题记1处，15字。

画面人物面右而立，服饰为上衣下裳。其右臂平举，手未露出，左手被遮，像拱起双手的样子。

左侧边栏题记隶书1行15字：

帝颛顼高阳者黄帝之孙而昌□□子

图2-49　武梁祠西壁画像石第二层颛顼拓片

6. 帝喾（1处11字）

画面一人，题记1处，11字。

画面人物向右而立，头戴旒冕，上衣下裳，双手合抱胸前。

左侧边栏题隶书1行11字：

帝喾高辛者黄帝之曾孙也

图2-50　武梁祠西壁画像石第二层帝喾拓片

7. 尧（1处20字）

画面一人，题记1处，20字。

画面人物向右而立，服饰与黄帝相同，两臂屈起，左手伸张，手指指向前方。

左侧边栏题隶书1行20字：

帝尧放勋其仁如天其知如神就之如日望之如云

图2-51　武梁祠西壁画像石第二层尧拓片

8. 舜（1处13字）

画面一人，题记1处，13字。

画面人物头戴较高的旒冕，身着长袍，左手抬起向右指。

左侧边栏隶书题记1行13字：

帝舜名重华耕于历山外养三年

图2-52　武梁祠西壁画像石第二层舜拓片

9. 禹（1处18字）

画面一人，题记1处，18字。

画面中人物有短髭，身向右，面朝左。头上冠呈三角形，似斗笠状，全身衣裳同前数人。左手向右平伸，手掌向上，右手平屈上抬，拿着一个短柄锸形农具。

左侧边栏隶书题记1行18字：

夏禹长于地理脉泉知阴随时设防退为肉刑

图2-53　武梁祠西壁画像石第二层禹拓片

10. 桀（1处2字）

画面三人，题记1处，2字。

画面中间人物面朝右，骑在两个女子身上，戴一前高后低冠，未戴旒冕，左手前伸，右手弯曲握一似戈的兵器，扛在肩上。两个女子一个面左跪地，一个面右跪地，皆双手前伸。

画面左上部隶书题“夏桀”2字。

图2-54　武梁祠西壁画像石第二层桀拓片

第三层：曾母投杼、闵子骞失棰、老莱子娱亲、丁兰供木人四组画像，题记8处，共113字。

1. 曾母投杼（2处32字）

画面二人，题记2处，32字。

右侧一女子右向坐在一架织布机前，向左扭过头来，张开右手，将手中机杼投于地上。左侧一人面向女子双膝跪地。

画面下横刻隶书1行，8字，文曰：

谗言三至慈母投杼。

画面左上部刻隶书6行，行4字，共24字，文曰：

曾子质孝

以通神明

贯感神祇

箸号来方

后世凯式

以正橅纲

图2-55　武梁祠西壁画像石第三层曾母投杼拓片

2. 闵子骞失棰（2处27字）

画面三人一马一车，题记2处，27字。

画面右侧一马右向拉一轺车，车上坐二人。马上方隶书题记2行，8字，曰：

子骞后母弟

子骞父

车上二人，前方一小儿拉着马缰绳，面朝后（左）看，后方一男子，有短髭，面朝左，左手抓着车程，右手扶着车后跪地之人。

左侧跪地之人身后隶书题记2行，19字：

闵子骞与假母居爱有偏

移子骞衣寒御车失棰

图2–56　武梁祠西壁画像石第三层闵子骞失棰拓片

3. 老莱子娱亲（3处36字）

画面四人，题记3处，36字。

画面右侧二人，均面左。前者站立，右手前甩，头微低；后者双膝跪地，头亦微低，右臂向前斜伸，左臂弯曲上举，手持一物。二人上方隶书题记6行，30字：

老莱子楚人

也事亲至孝

衣服斑连婴

儿之态令亲

有欢君子嘉

之孝莫大焉

画面左侧二人，一男一女相对坐于帷帐之下，其下左起横题“莱子父”“莱子母”6字。莱子父有短髭，坐的姿态是两膝着地，面朝右，右手扶膝，左手攀右肩。莱子母则盘腿而坐，回头面朝莱子父，右手微屈，放于胸前，左手伸开向右方指去。

图2-57　武梁祠西壁画像石第三层老莱子娱亲拓片

4. 丁兰供木人（1处18字）

画面三人，题记1处，18字。

画面中间一男子左向双膝跪地，拱手拜左侧一尊木人，一妇人跪于男子身后。

木人上方隶书题记4行，18字：

丁兰二亲终

殁立木为父

邻人假物

报乃借与

图2-58　武梁祠西壁画像石第三层丁兰供木人拓片

第四层：曹子劫桓、专诸刺吴王、荆轲刺秦王三组画像，题记10处，共36字。

1. 曹子劫桓（4处12字）

画面四人，题记4处，12字。

画面右侧一人面左躬身抱简而立，其前隶书题“管仲”2字。

中间一人盘膝执剑面左坐于雕花墩上，其前上方隶书题“齐桓公”3字。

齐桓公对面一人躬身右向而立，左手平举，右手执一利刃欲刺向桓公腹部，其身后隶书题“曹子劫桓”4字。

画面左侧之人右向而立，伸手向前，其身后上方隶书题“鲁庄公”3字。

图2-59　武梁祠西壁画像石第四层曹子劫桓拓片

2. 专诸刺吴王（2处13字）

画面四人，题记2处，13字。

画面左侧一人面右坐于绣墩之上，右手执剑置于肩上，其身后隶书题“吴王”2

图2-60　武梁祠西壁画像石第四层专诸刺吴王拓片

字，面前放着杯盘，内盛食物。

与之相对有三人，一人位于画面中间，双膝跪地，面朝吴王，双手捧盘，盘内置一鱼。其后二人各执长铍（长矛），顶在捧盘者身上。三人上方隶书题记3行，11字：

二侍郎

专诸炙鱼

刺杀吴王

3. 荆轲刺秦王（4处11字）

画面四人，题记4处，11字。

画面右侧荆轲怒目甩发，双臂上举，似向前厮拼状。一侍者抱荆轲之腰，极力不使其挣脱。人物右方上题“荆轲”2字。

画面中下部一匣开启，内盛一头，旁题“樊於期头”4字。

画面中上部一人五体投地，上题“秦武阳”3字。

中部偏左列一柱，上插一戴缨匕首。柱左题“秦王”2字。画面左侧一短髭之人惊恐扭身，左手伸出防御，右足高抬准备逃跑。

图2-61　武梁祠西壁画像石第四层荆轲刺秦王拓片

## （四）武梁祠屋顶前坡画像石题记

该石高114厘米，宽279厘米，厚20厘米，两边有卯，背刻瓦垄，中部断裂，画面残泐较重。雕刻技法为平面浅浮雕。画像从上至下共三层，内容为祥瑞图，题记8处，共63字。

第一层：浪井、神鼎、麒麟、黄龙、蓂荚五种祥瑞画像，题记5处，共36字。

1. 浪井（1处2字）

画面刻一双瓣莲台，两旁有两朵花蕾，好像一个井的样子。其右上方一人躬身叉腿，右手扶着莲台；右下方一人立于一方形石上，左手执锄状物，右手扶莲。

图右侧隶书题记“浪井”2字。

图2-62　浪井摹本

2. 神鼎（1处10字）

画面中一大鼎，大耳，三足，上有盖。图右上部隶书题记1行，10字，文曰：

神鼎不炊自熟五味自生

图2-63　神鼎摹本

3. 麒麟（1处8字）

画面中一麒麟，左向站立。

图右上方隶书题记1行，8字，文曰：

□不刳胎残少则至

图2-64 麒麟摹本

4. 黄龙（1处11字）

画像中黄龙左向立，昂首翘尾，四足爬行。

图右上隶书题记2行，11字，文曰：

不漉池如渔则黄

龙游于池

图2-65 黄龙摹本

5. 蓂荚（1处5字）

画像中两株蓂荚。左面一大株，右面一小株。大株顶端一实，左右各有七个茎，茎皆下垂有实。小株小枝三芽，皆下垂。

图右上方隶书题记1行，5字，文曰：

蓂荚尧时生

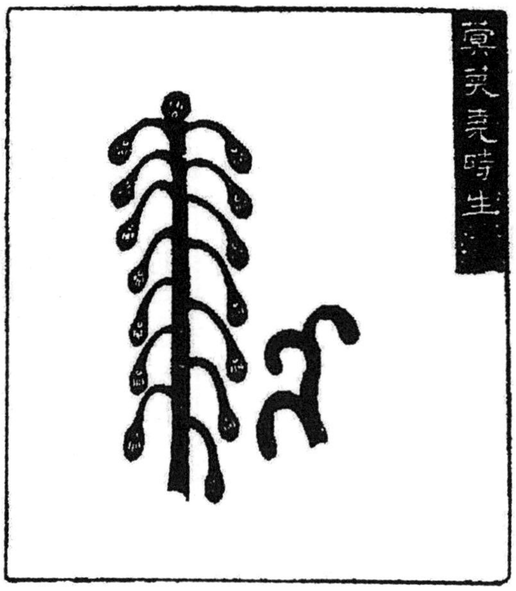


图2-66　蓂荚摹本

第二层：六足兽、玉英两组祥瑞图，题记2处，共16字。

1. 六足兽（1处8字）

画像中六足兽昂首，前两足翘蹄，形体似马，唯前面有四足，后有二足。

右上隶书题记1行，8字，文曰：

六足兽谋及众则至

图2-67　六足兽摹本

3. 麒麟（1处8字）

画面中一麒麟，左向站立。

图右上方隶书题记1行，8字，文曰：

□不刳胎残少则至

图2-64 麒麟摹本

4. 黄龙（1处11字）

画像中黄龙左向立，昂首翘尾，四足爬行。

图右上隶书题记2行，11字，文曰：

不漉池如渔则黄

龙游于池

图2-65 黄龙摹本

5. 蓂荚（1处5字）

画像中两株蓂荚。左面一大株，右面一小株。大株顶端一实，左右各有七个茎，茎皆下垂有实。小株小枝三芽，皆下垂。

图右上方隶书题记1行，5字，文曰：

蓂荚尧时生

图2-66　蓂荚摹本

第二层：六足兽、玉英两组祥瑞图，题记2处，共16字。

1. 六足兽（1处8字）

画像中六足兽昂首，前两足翘蹄，形体似马，唯前面有四足，后有二足。

右上隶书题记1行，8字，文曰：

六足兽谋及众则至

图2-67　六足兽摹本

2. 玉英（1处8字）

画像刻一长方形框，便象征为玉英，其右上方隶书题记1行，8字，文曰：

玉英五常并修则至

图2-68　玉英摹本

第三层：白鱼画像，题记1处，共11字。

画像刻白鱼，题记1处。白鱼鳞鳍完整。

右上方隶书题记2行，11字，文曰：

白鱼武王渡孟

津入于王舟

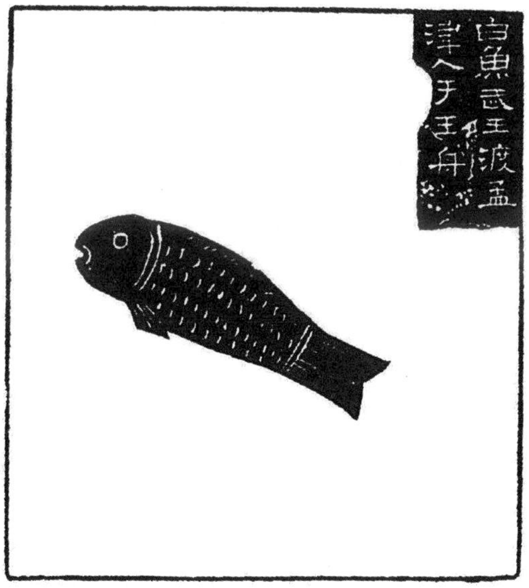

图2-69　白鱼摹本

## （五）武梁祠屋顶后坡画像石（祥瑞图）题记

该石高114厘米，宽278厘米，厚20厘米，两边有卯，背刻瓦垄，碎为三块。画面残泐较重，雕刻技法为平面浅浮雕。画像从上至下共三层，内容为祥瑞图和车骑人物，题记8处，共93字。

第一层：连理树、琉璃璧、玄圭、比翼鸟、比肩兽、比目鱼、银瓮七组画像，题记7处，共81字。

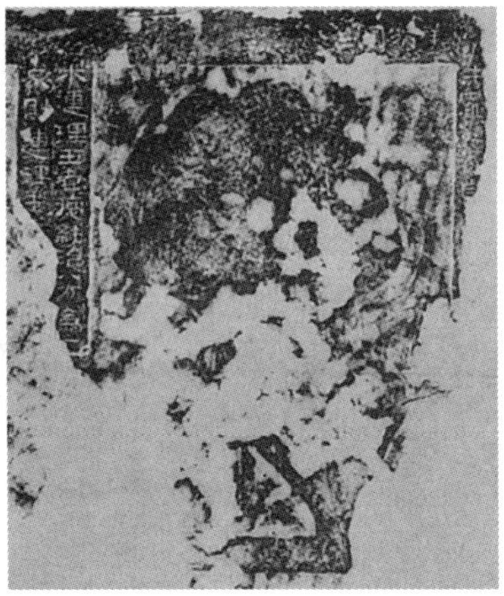

图2-70　连理树20世纪50年代拓片

1. 连理树（1处17字）

画像刻二树并立，各有松枝状，丰盛挺拔，枝干交错。

左上隶书题记2行，17字，文曰：

木连理王者德纯洽八方为一

家则连理生

图2-71　琉璃璧20世纪50年代拓片

2. 琉璃璧（1处10字）

画面一圆形大璧，上刻方卦纹。

左上方隶书题记1行，10字，文曰：

璧琉璃王者不隐过则至

图2-72　玄圭20世纪50年代拓片

3. 玄圭（1处12字）

画面中玄圭上锐下方，上有斜斗纹（纹与琉璃璧同）。

左上方隶书题记2行，12字，文曰：

玄圭水泉流通四海

会同则至

4. 比翼鸟（1处11字）

画面中比翼鸟左向立，两头、两足、四条长尾。

其右上方隶书题记2行，11字，文曰：

比翼鸟王者德及高

远则至

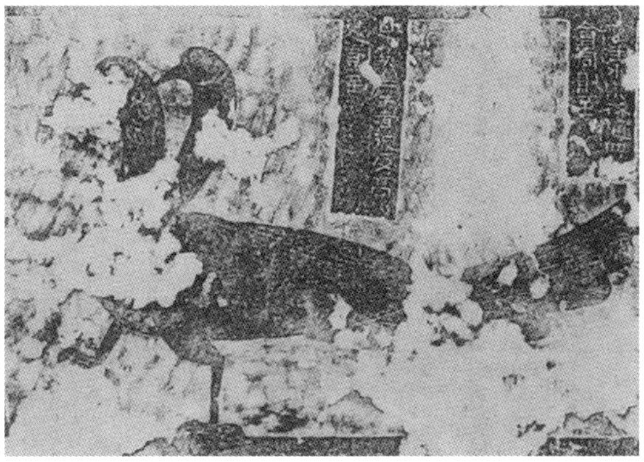

图2-73　比翼鸟20世纪50年代拓片

图2-74　比翼鸟摹本

5. 比肩兽（1处11字）

画面中一马样的兽，生着两只头，左向立。

其右上方隶书题记2行，11字，文曰：

比肩兽王者德及鳏

寡则至

图2-75　比肩兽20世纪50年代拓片

图2-76　比肩兽摹本

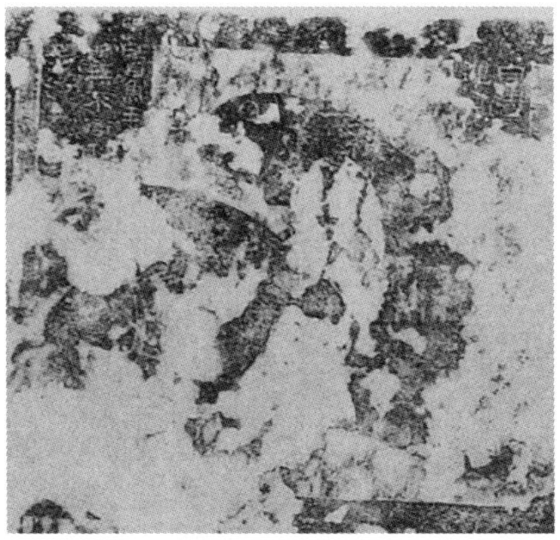

图2-77　比目鱼20世纪50年代拓片

6. 比目鱼（1行12字）

画面中二鱼相并，皆鳞鳍完备。

左上方隶书题记3行，12字，文曰：

比目鱼王者幽

明无不衙则

至

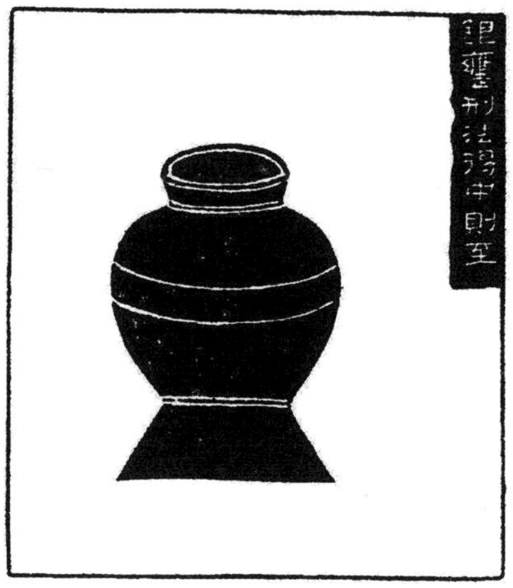


图2-78　银瓮摹本

7. 银瓮（1处8字）

画面中立一瓮，圆口平底，阔腹。

右上方题记1行，8字，文曰：

银瓮刑法得中则至

图2-79　泽马摹本

第二层：泽马画像一幅，题记1处，共12字。

画面一马左向直立，长颈弯曲。

右上方隶书题记2行，12字，文曰：

泽马王者劳来百姓

则泽马至

## 一六、嘉祥武翟山村武氏祠前石室

该石于清乾隆五十一年（1786）山东嘉祥县城南15千米武翟山村北出土，石藏原地，即今嘉祥武氏墓群石刻博物馆。

武氏祠前石室西壁上画像石高117厘米，宽203厘米，厚18厘米，锐顶，两肩有榫。雕刻技法为平面浅浮雕。画像共三层，内容涉及神话人物、历史人物和车马出行。第一层为神话人物西王母，第二层为孔门弟子，第三层为车马出行。第三层榜题1处，可辨“车”字。

图2-80　武氏祠前石室西壁上画像石拓片

武氏祠前石室西壁下画像石高96厘米，宽203厘米，厚18厘米，横长方形。拓片高78厘米，宽198.5厘米。雕刻技法为平面浅浮雕。画面共两层，隶书，榜题7处，共21字。

画像上层为车骑攻战图。画面上两支车骑队伍相向开战。存榜题2处，曰“尉卿车”“功曹车”。[①]

画像下层为水陆攻战图。全幅计有车6辆，马14匹，舟2只，男女35人之多，榜题5处，共15字。中央桥上一轺车上一执剑人正俯身与其左徒步执剑之人拼杀。参加战斗的官兵各持刀、剑、戈、戟、盾、弓、机弩等兵器，做左右两方相互攻战状。画面中有“游徼车”“贼曹车”“功曹车”“主记车”“主簿车”字样。

图2-81　武氏祠前石室西壁下画像石上层车骑攻战图拓片

图2-82　武氏祠前石室西壁下画像石下层水陆攻战图拓片

武氏祠前石室东壁上画像石高117厘米，宽202厘米，厚19厘米，锐顶，两肩有榫。拓片高82.5厘米，宽198.5厘米。雕刻技法为平面浅浮雕。画面共三层，内容涉及神话人物、历史人物和车马出行，题记4处[②]。

第一层为神话人物东王公。无题记。

第二层为孔门弟子人物画像，榜题1处，隶书，曰：子路。

第三层为车骑出行，榜题3处，隶书，曰“□□车”“此丞相车”“门下功曹”。

① 参见傅惜华、陈志农编：《山东汉画像石汇编》，山东画报出版社2012年版，第484页。

② 参见傅惜华、陈志农编：《山东汉画像石汇编》，山东画报出版社2012年版，第475页。

图2-83　武氏祠前石室东壁上画像石第二层孔门弟子拓片

图2-84　武氏祠前石室东壁上画像石第三层车骑出行拓片

武氏祠前石室东壁下画像石高96厘米，宽203厘米，厚19厘米，横长方形。拓片高78.5厘米，宽198厘米，原石磨泐颇多。雕刻技法为平面浅浮雕。画面共四层，第一层、第二层皆为历史故事类，第三层为人物类行旅之属与宴享之属，第四层为人物类庖厨之属。内容涉及民间故事、舞蹈、棋艺、车骑。题记位于第一层和第二层，19处①。

第一层题记5处，隶书，曰："邢渠（泐）""孝子邢渠""义妇亲子""义妇""齐将"。

第二层题记14处，隶书，曰："文王""伯邑考""武王发""周公旦""蔡莱子""成叔处""康叔封""冉季载""乳母""莱子父母""老莱子""伯游母""伯游也""赵宣孟车"。

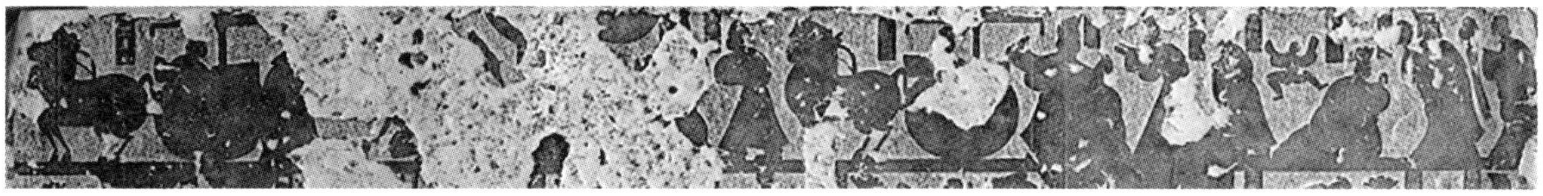

图2-85　武氏祠前石室东壁下画像石第一层鲁义姑姊、邢渠哺父、闵子骞失棰、赵盾喂灵辄拓片

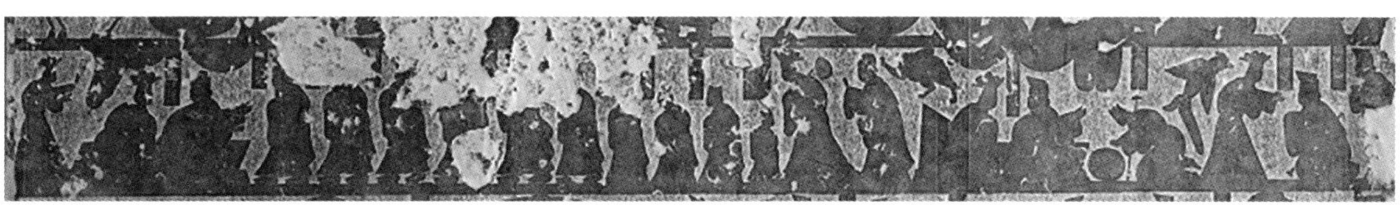

图2-86　武氏祠前石室东壁下画像石第二层伯游孝亲、老莱子娱亲、文王十子拓片

① 参见傅惜华、陈志农编：《山东汉画像石汇编》，山东画报出版社2012年版，第487页。

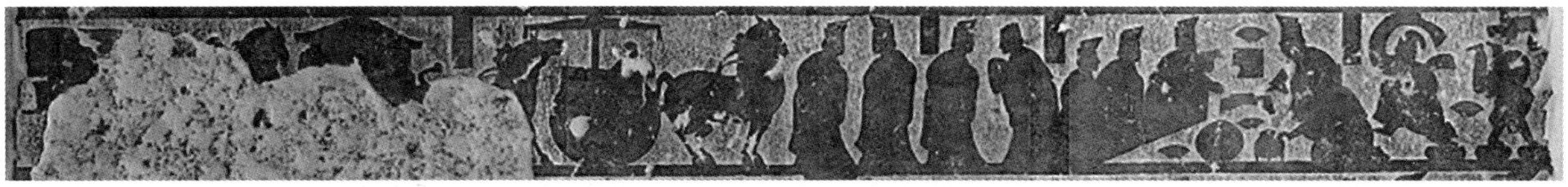

图2-87 武氏祠前石室东壁下画像石第三层踏鼓舞、六博棋艺、车骑拓片

图2-88 武氏祠前石室东壁下画像石第四层庖厨拓片

武氏祠前石室后壁横额画像石高51厘米，宽352厘米，厚30厘米，横长方形，背面中下部凿成平面。雕刻技法为平面浅浮雕。画面可分两层，上层为车马出行图，车马皆向左行。题记5处："令车""门下功曹""门下功曹""门下贼曹""主簿车"。下层为鸟、兽、云龙纹和连弧纹。①

图2-89 武氏祠前石室后壁横额画像石拓片

武氏祠前石室后壁小龛东壁画像石高70厘米，宽73厘米，厚13—94厘米。拓本高64.5厘米，宽72厘米。转角石，两面有画像。题记位于石右侧面。雕刻技法为平面浅浮雕。画面四层，第一、二层为神话类神仙灵异之属，第三层为故事类，第四层为车马出行类。题记1处，隶书，曰"贼曹车"。②

① 参见胡广跃著：《石头上的中国画——武氏祠汉画像石的故事诠释》，三秦出版社2014年版，第115页。

② 参见傅惜华、陈志农编：《山东汉画像石汇编》，山东画报出版社2012年版，第487页。

图2-90　武氏祠前石室后壁小龛东壁画像石第一层神话人物拓片

图2-91　武氏祠前石室后壁小龛东壁画像石第二层神话人物、羽人、嘉禾拓片

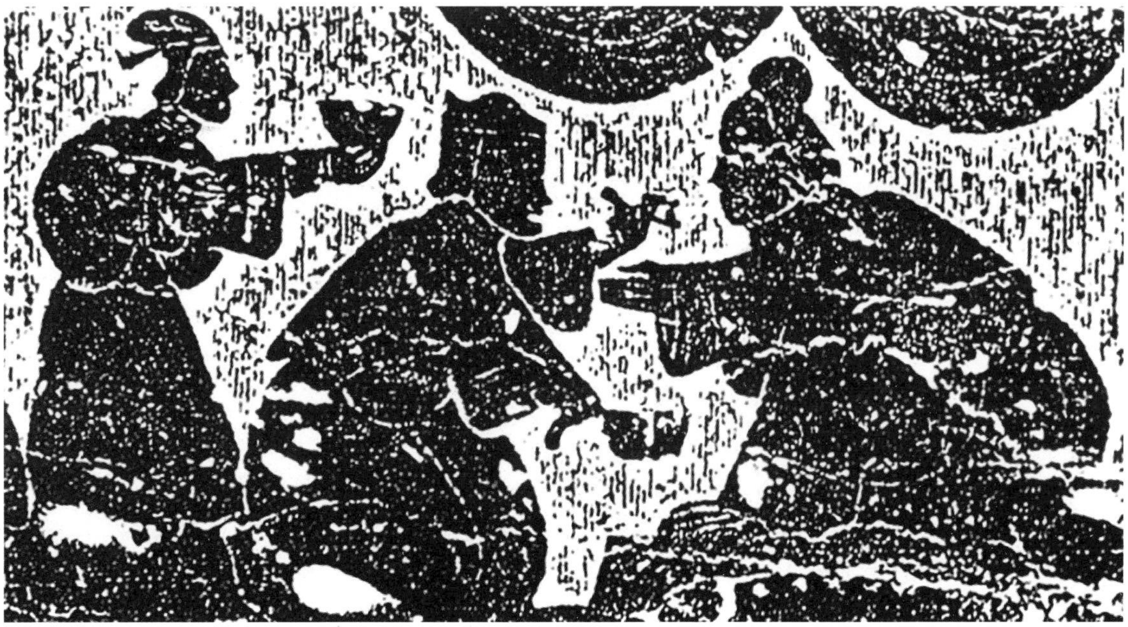

图2-92　武氏祠前石室后壁小龛东壁画像石第三层邢渠哺父拓片

图2-93　武氏祠前石室后壁小龛东壁画像石第四层车马出行拓片

武氏祠前石室后壁小龛后壁画像石高70厘米，宽169厘米，厚19厘米，横长方形。拓本高67.5厘米，宽144厘米。雕刻技法为平面浅浮雕。画面两层，第一层右边为楼阁宴会，左边为连理树。第二层为车马出行类，题记3处，隶书，共10字，曰“君车”“门下功曹”“门下游徼”。

图2-94　武氏祠前石室后壁小龛后壁画像石第一层连理树、楼阁宴会拓片

图2-95　武氏祠前石室后壁小龛后壁画像石第二层车马出行拓片

武氏祠前石室后壁小龛西壁画像石高70厘米，宽73厘米，厚13—94厘米。转角石，两面有画像。此石为左侧面。拓片高69厘米，宽72厘米。雕刻技法为平面浅浮雕。[①]

画面四层，第一层为卷云纹，第二层为人物故事类，第三层、第四层为车马出行类。

第三层题记1处，隶书，曰“道吏书”。

第四层题记1处，隶书，曰“主簿车”。

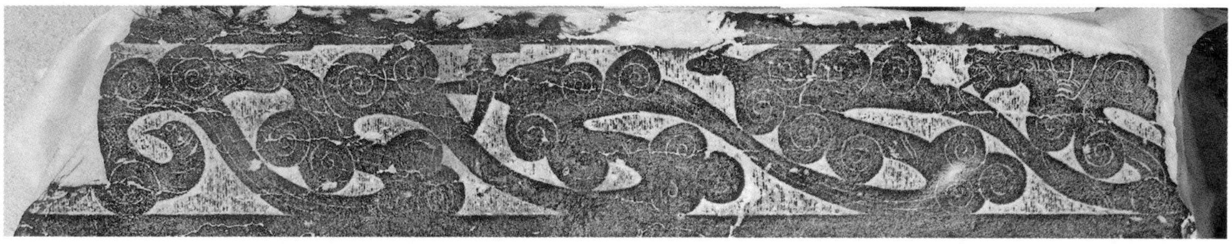

图2-96　武氏祠前石室后壁小龛西壁画像石第一层拓片

图2-97　武氏祠前石室后壁小龛西壁画像石第二、三、四层拓片

① 参见傅惜华、陈志农编：《山东汉画像石汇编》，山东画报出版社2012年版，第496页。

武氏祠前石室后壁小龛西侧面画像石高70厘米，宽94厘米，厚14—73厘米。转角石，两面有画像。此石为左侧面，左边残。拓片高69厘米，宽88.5厘米。雕刻技法为平面浅浮雕。画面三层，上装饰云纹，第一层故事类，第二层、第三层为车马出行类。[①]

第一层题记2处，隶书，曰“秦武阳”“荆轲”。

第三层题记1处，隶书，曰“行亭车”。

图2-98　武氏祠前石室后壁小龛西侧面画像石第一层荆轲刺秦王拓片

图2-99　武氏祠前石室后壁小龛西侧面画像石第二、三层车马出行拓片

① 参见傅惜华、陈志农编：《山东汉画像石汇编》，山东画报出版社2012年版，第494页。

武氏祠前石室前壁承檐枋东段画像石高29厘米，宽118厘米，厚20厘米，横长方形，条石，上顶成斜面。拓片高28.5厘米，宽157.5厘米。原石有磨泐处。雕刻技法为平面浅浮雕。正面刻车马出行画面，背刻花纹。题记4处，隶书，曰“行亭”“二卒”“为督邮时”“主簿”。[①]

图2-100　武氏祠前石室前壁承檐枋东段画像石

武氏祠前石室隔梁石西面画像石高62厘米，宽227厘米，厚24厘米。三角隔梁石，两肩有榫，原石两面有画像，中间断裂。拓片高59厘米，宽197.5厘米。此为正面画像。雕刻技法为平面浅浮雕。画面三层，第一层为神话类，第二层为故事类，第三层为车马出行类[②]。

第二层题记5处，隶书，曰“齐王”“秋胡妇”“鲁秋胡”“侍郎”“此秦王”。

图2-101　武氏祠前石室隔梁石西面画像石鲁秋胡戏妻拓片

① 参见傅惜华、陈志农编：《山东汉画像石汇编》，山东画报出版社2012年版，第492页。

② 参见傅惜华、陈志农编：《山东汉画像石汇编》，山东画报出版社2012年版，第490页。

图2-102　武氏祠前石室隔梁石西面画像石（漫漶不清）拓片

图2-103　武氏祠前石室隔梁石西面画像石高渐离击刺秦王拓片

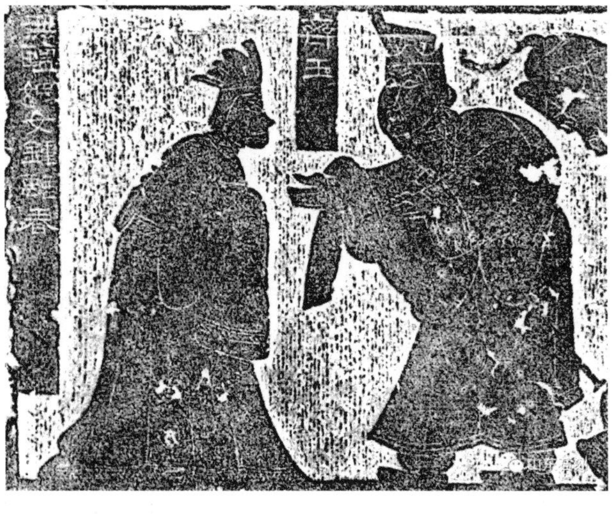

图2-104　武氏祠前石室隔梁石西面画像石无盐丑女钟离春说齐王拓片

武氏祠前石室隔梁石东面画像石高62厘米，宽227厘米，厚24厘米，三角隔梁石，两肩有榫，原石两面有画像，中间断裂。拓片高60厘米，宽197.5厘米。此为背面画像。雕刻技法为平面浅浮雕。画面三层，第一层为神仙灵异，第二层为历史故事，第三层为车骑出行[①]。

第二层题记1处，隶书，曰“此齐桓公也”。

第三层题记3处，隶书，曰“君为市掾时”“五官掾车”“君为郎中时”。

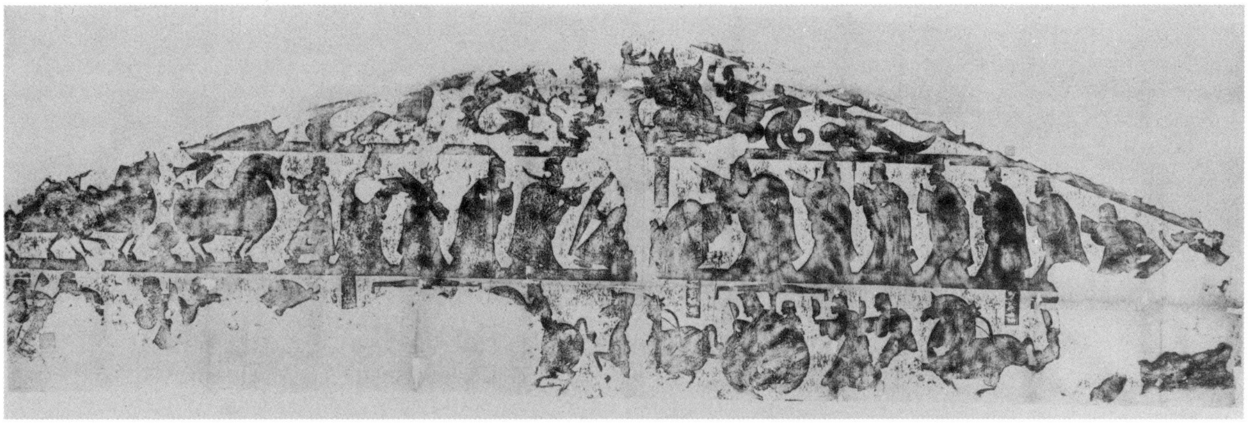

图2-105　武氏祠前石室隔梁石东面画像石拓片

## 一七、嘉祥武翟山村武氏祠其他石

清乾隆五十一年（1786）于山东嘉祥县城南15千米武翟山村北出土，石藏原地，即今嘉祥武氏墓群石刻博物馆。

1. 祥瑞画像石（题记3处）

石高111厘米，宽110厘米，厚23厘米，背刻瓦垄，残石。雕刻技法为平面浅浮雕。画面分三层，内容涉及祥瑞动物。

第一层画像为鸟、人物，画面残缺，右上角隶书题记4行，存13字，文曰：

有鸟如鹤

□□□白喙　名□□

① 参见傅惜华、陈志农编：《山东汉画像石汇编》，山东画报出版社2012年版，第491页。

其鸣自□

□有动矣

第二层刻比目鱼，左上角隶书题记3行，14字，文曰：

比目鱼王者

德广明无

不通则至矣

第三层：仅存一兽，文字漫漶不清。能释读者，曰：“有□□□身长尾□□□□名曰法□□则衔其尾，□之则民弓凶矣”。

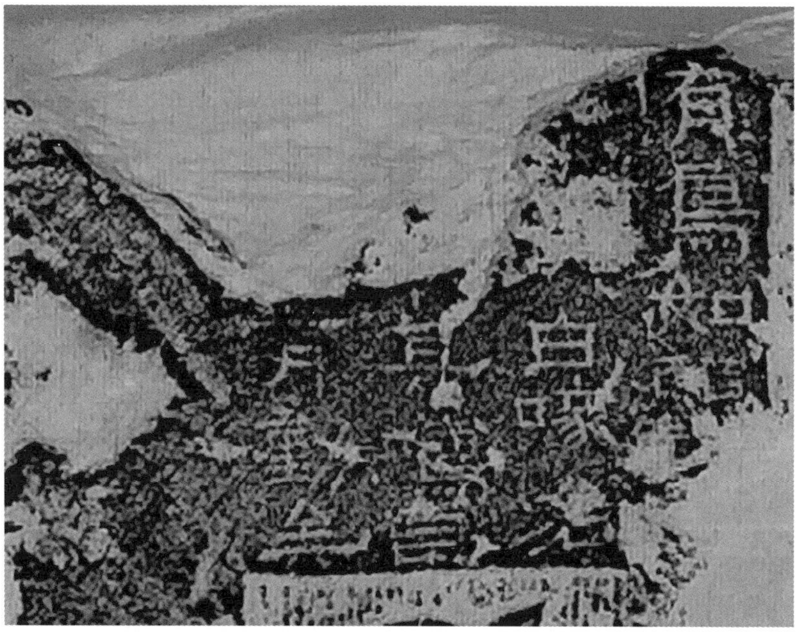

图2-106　第一层画像石题记拓片

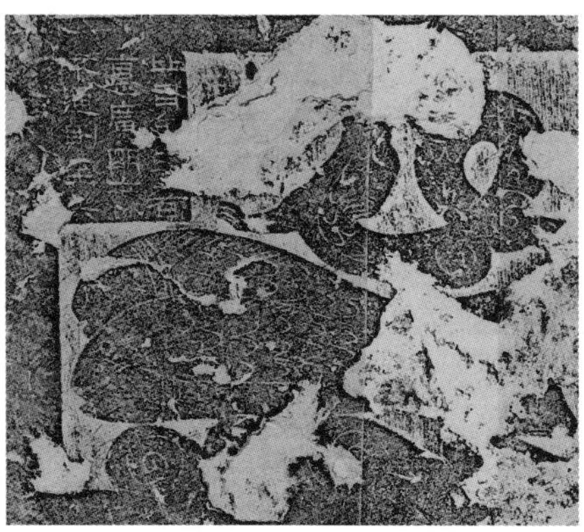

图2-107　第二层画像石题记拓片

图2-108　第三层画像石题记拓片

2. 武氏祠东北墓间画像石（题记1处）

高64厘米，宽61厘米，厚44.5厘米，转角石，左侧面刻花纹。雕刻技法为平面浅浮雕。

第一层为车骑，中间上部题记1处，字迹漫漶。

第二层为六博棋艺。

第三层为骑者。

图2-109　武氏祠东北墓间画像石拓片

3. “何馈”画像石（题记5处，73字）

该石现流亡海外。高61.5厘米，宽53厘米，厚度不详，横长方形，残石。雕刻技法为平面浅浮雕。画面从上至下分两层，内容为民间故事和历史故事。

上层画面八人，题记2处。画像中屋宇下有七个人，屋宇内中间偏右左向跪坐一人，正击编磬，其身后上方隶书题记“孔子”2字。二人坐在编磬后方正面聆听。孔子前后各站着一个弟子。孔子面前还跪着两个弟子，抬起头来和他说话。画像左侧屋宇外立一人，肩上扛着一个筐子之类的东西，扭头向右，看着孔子。

图左侧刻隶书题记3行，34字，文曰：

何馈

何□杖人养性守真子路从后问见夫子答

□勤体杀鸡为黍仲由拱立无辞□□

图2-110　何馈画像石上层孔子遇杖人拓片

下层左侧画面中，树下一男子正抱着一仰卧女子，男子左前方隶书题记1行，3字：“柳下惠”。右上部刻一猿人。

下层右侧，画面中刻一房屋，屋内一妇人左向怀抱婴儿，屋宇外右侧屋檐下一男子左向跪坐，男子面前题记“杵臼”。

男子右侧隶书题记2行，32字，文曰：

程婴杵臼赵朔家臣下宫之难赵武始娠屠颜

购孤诈抱他人臼与并殪婴辅武存

图2-111　何馈画像石下层左侧柳下惠坐怀不乱拓片

图2-112　何馈画像石下层右侧赵氏托孤拓片

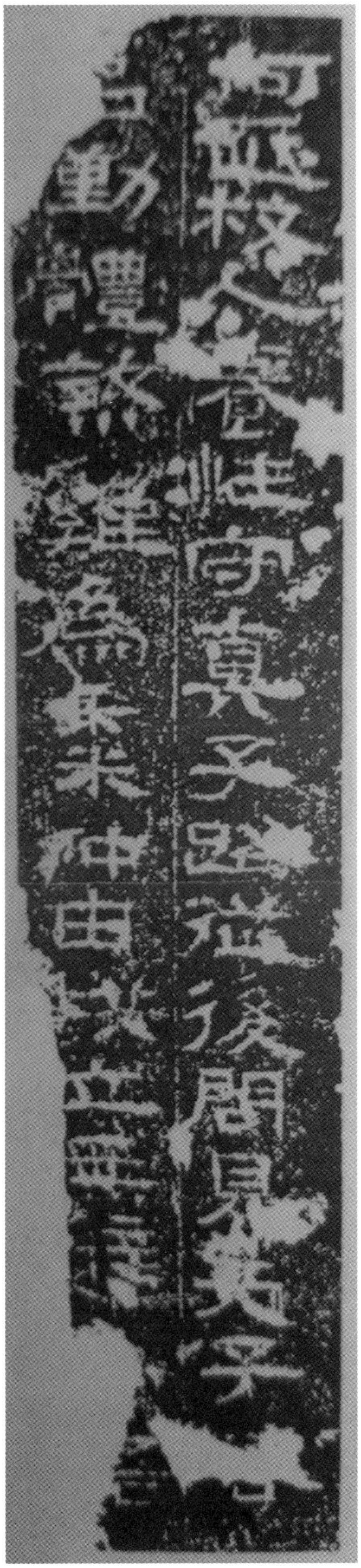

图2-113　孔子遇杖人画像石左侧题记拓片

图2-114　赵氏托孤画像石右侧题记拓片

# 一八、滕州姜屯元嘉三年赵寅祠堂画像石题记

该石刻于东汉桓帝元嘉三年（153），1989年于山东滕州姜屯出土，现藏滕州市博物馆。

石高80厘米，宽210厘米。图像雕刻技法为剔地浅浮雕。图像四周有边栏三道，间饰菱形纹、水波纹。图像中央为重檐双阙，顶立凤鸟，四阙间有两人坐榻上玩六博，其上为一厅堂，顶有仙人饲凤，厅内坐四人。左阙外系一马，嘴下有草料袋。阙外为姿态各异的龙、虎。

图像左边有题记3行，隶书，文曰：

元嘉三年二月廿五日赵寅大子植卿为王公次和更立负土两年

佚坟相雇若㨤有孙若此孝及曾子植卿惟先刻心念始

增龙（垄）成坟不肩一毋独雇石直克义以示祠垕石师□存相仿其孝

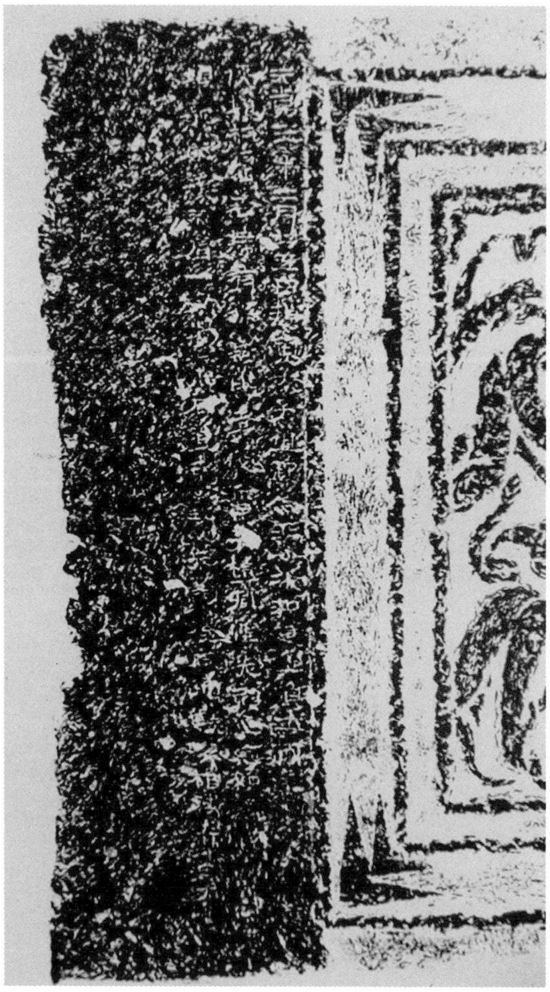

图2-115　滕州姜屯元嘉三年赵寅祠堂画像石题记拓片

图2-116　滕州姜屯元嘉三年赵寅祠堂画像石拓片

## 一九、东阿铁头山永兴二年芗他君祠堂石柱题记

该石刻于东汉桓帝永兴二年（154），1934年于山东东阿铁头山出土，今藏故宫博物院。此石是芗他君之子芗无患与弟奉宗为死去的父母所建祠堂的门柱石。石高120厘米，呈四面柱体状。题记刻于上部，侧面刻图像，柱底部雕作伏兽。图像雕刻技法为凿纹地平面线刻。四周边栏一道。图像分两层。上层刻十字连环纹、连弧纹，下层刻铺首衔环。

额题隶书3行，17字，文曰：

东郡厥县东阿

西乡常吉里

芗他君石祠堂

正文隶书11行，行46字不等，共413字：

永兴二年七月戊辰朔廿七日甲午孤子芗无患弟奉宗顿首家父主吏年九十岁时加寅

五月中卒得病饭食衰少遂至掩忽不起母年八十六岁移在卯九月十九日被病卜问奏解不为有

差其月廿一日况忽不愈旬年二亲早去明世弃离子孙往而不返帝王有终不可追还内外子孙且至百人抱持啼呼

不可奈何惟主吏夙性忠孝少失父母丧服如礼修身仕宦县诸曹市主簿廷掾功曹召府更离元二雍养

孤寡皆得相振独教儿子书计以次仕学大子伯南结僮在郡五为功曹书佐数在门阁上计守临邑尉监蒨案狱贼

决史还县廷掾功曹主簿为郡县所归坐席未竟年卌二不幸早终不卒子道呜呼悲哉主吏早失贤子无患

奉宗克念父母之恩思念忉怛悲楚之情兄弟暴露在冢不辟晨夏负土成墣列种松柏起立

图2-117　芗他君祠堂石柱刻石正面题记拓片

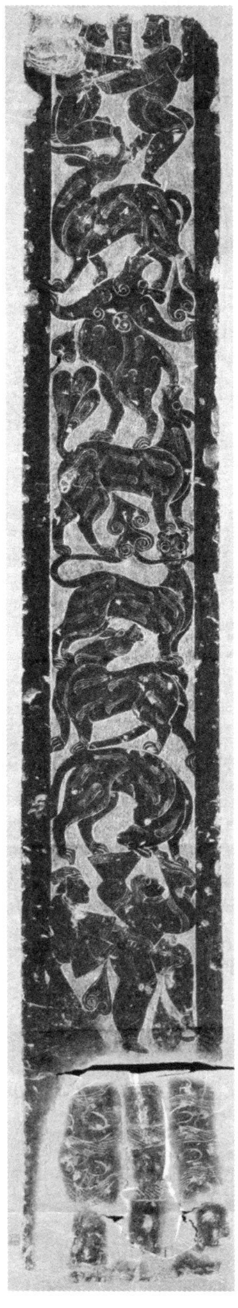

图2-118　芗他君祠堂石柱刻石背面拓片

图2-119　芗他君祠堂石柱刻石侧面拓片

石祠堂冀二

亲魂零有所依止岁腊拜贺子孙欢喜堂虽小经日甚久取石南山更逾二年这今成已使师操象山阳虾丘

荣保画师高平代盛邵强生等十余人□钱二万五千朝莫（暮）侍师不敢失欢心天恩不谢父母恩不报兄弟共居

甚于亲在财力堂示有子道差于路食唯观者诸君愿勿贩伤寿得万年家富昌

此上人马皆食大仓

## 二〇、嘉祥宋山永寿三年许安国祠堂画像石题记

该石刻于东汉桓帝永寿三年（157）。1980年出土于山东嘉祥满硐乡宋山村古墓中，山东省石刻艺术博物馆收藏。

石长108厘米，宽68厘米。图像雕刻技法为剔地平面线刻。图像为八瓣莲花，莲瓣上刻符号；石上部，左、右莲瓣间刻双鱼相对，下部刻人首蛇身羽人相对。

隶书题记共11行，分布图像两侧，右边1行，28字；左边10行，460字。

右侧文曰：

国子男字伯孝年适六岁在东道边孝有小弟字闰得天年俱去皆随□

左侧文曰：

永寿三年十二月戊寅朔廿六日癸巳惟许卒史安国礼性方直廉言敦笃慈仁多恩注所不可禀寿卅四年遭

□泰山有剧贼军士被病徊气来西上正月上旬被病在床卜问医药不为知闻暗忽离世下归黄泉古圣所不勉寿命不

可诤乌呼哀哉早离父母三弟其弟婴弟东弟强与父母并力奉遣悲哀惨怛竭孝行殊义笃君子熹

之内修家事亲顺敕兄弟和同相事悲哀思慕不离冢侧草庐凼宅负土成坟徐养凌柏朝莫祭祠甘珍

嗞味嗛设随时进纳省定若生时以其余财造立此堂募使名工高平王叔王坚江胡栾石连车采石县西南小山

阳山琢砺摩治规矩施张褰帷及月各有文章调文刻画交龙委蛇猛虎延视玄猿登高狮熊嗥戏众禽群聚

万狩云布台阁参差大兴舆驾上有云气与仙人下有孝友贤仁尊者俨然从者肃侍煌煌濡濡其色若僭作治连月功扶无亟贾钱二万

七千父母三弟莫不竭思天命有终不可复追惟倅刑伤去留有分子无随没寿王无扶死之臣恩情未及迫褾有制财币雾隐藏魂灵

悲痛奈何涕泣双并传告后生勉修孝义无辱生生唯诸观者深加哀怜寿如金石子孙万年牧马牛羊诸僮皆良家子来入堂宅

但观耳无得刻画令人寿无为贼祸乱及孙子明语贤仁四海士唯省此书无忽矣冢以永寿三年十二月十六日大岁在癸酉成

图2-120　嘉祥宋山永寿三年许安国祠堂画像石拓片

## 二一、嘉祥宋山画像石题记

该石于1980年出土于山东嘉祥满硐乡宋山村古墓中，山东省石刻艺术博物馆收藏。石长75厘米，宽69厘米。图像雕刻技法为剔地平面线刻。图像为八瓣莲花，莲瓣上刻符号，上、下、左、右莲瓣间皆有双鱼相对，与嘉祥宋山永寿三年许安国祠堂画像石相同。石右刻隶书1行，16字，文曰：

阳遂富贵此中人马皆食大仓饮其江海

图2-121　嘉祥宋山画像石拓片

## 二二、邹城汉安元年文通食堂画像石题记

该石刻于东汉顺帝汉安元年（142）。2013年在山东省邹城市北龙河村南在建公路的工地上，工人挖掘出了北宋时期墓葬四座。邹城文物部门即组织专业人员进行抢救性发掘，共清理出土汉代画像石5块，其中在1号墓发现东汉汉安元年文通食堂画像石题记，清理后于当日运至邹城博物馆保存。

题记两侧刻有人物和动物的图像，浅浮雕技法。题记右侧一人，面左，头戴冠，上伏卧一鸟。身着长襦大褂，下着靴。双手拢袖置于腹前，做行走状。题记左侧五人，皆面右。右一，躬身，手持杖，头戴冠，身着长襦袍，站立。右二似为一老年男性，躬身，双手拢袖置于胸前，头戴冠，身着长袍，腰佩环首长刀，面右而立。右三似为一女性，头束三个半圆形的发髻，着长襦裙，双手拢袖于胸前，面右站立。右四为一武士，身着长襦大褂，下着靴。右袖卷起，手持一物，左手扬起，面右，似跨步行走。左下角一人侧立，双手扬起，似驱赶羊。画面左侧有两只羊，一只肥硕，站立，双角立起。另一只做奔跑状。题记左右两侧人物的布局、朝向，都是以题记为中心，相对而立。

图2-122　邹城汉安元年文通食堂画像石拓片（右侧局部）

图2-123　邹城汉安元年文通食堂画像石拓片（左侧局部）

题记文字为竖刻，每行之间有竖刻的鋬道。题记共41行，隶书，共606字，文曰：

鲁国驱□□里簿掾文通食堂

掾少读严氏春秋经召县掾功曹

府文学簿曹掾三老掾年八十六以永

和六年十月八日己未以寿终母年八十四以

永和五年五月八日丁卯以寿终掾有子

男女八人大女口侯字□□□□久□

大男宗字伯宗年五十病终有子男久卿久

卿弟宝公伯宗弟般字孟卿年卅病终

有子男如字伯商孟卿弟寅字仲玉年

五十病终有子男憙弟阿奴仲玉弟识

字元玉有子男方弟扶弟羡弟顾

元玉弟竟字仲忽有子男吉弟福仲

忽弟强字季卿有子男高弟宝

弟时弟少贵季卿弟兴字季起

有子男伯张季起兄弟八人诸兄薄

命蚤终季起秉掾母奉终得备衣冠

印绶长□虽无忠孝之心尤识子道交□

恩躬率诸孙举家竭欢奉进甘珍世

孙念无堂各欲尽□□□曰然□欲
兄□不使少子欲□□亲不往□忽
□供养悲痛达心丧魂魄岁置
自造归幽冥孤子肠断维五□常
□悲伤掾母命终何其垂念之悲□
切□无穷其子无随没之寿王无附死
之臣唯愿有石显阙以奉四时供祭魂神以□
世禄永享其道愿□霜护其子孙今
□重□季起与伯张高宝等作成
石庙堂以俟魂神往来休息孝之然也所
以置食堂虽鄙□万世墓表颂之皆
昌逆之者亡后子孙□崩落□子愿
毋绝缘常受吉福永无亟万岁无央
伯宗妻□□□字惠卿年六十终有子女
□□□□孟卿妻高平孔叔阳女四十八终
仲玉妻徐□□女字淑有子女孙女等
□之元玉妻□伯春女字睦信有子女□
□仲忽妻安□□□小卿女字□郎有子
女季卿妻资稚侯女字敬淑有子女□
季起妻徐季文女字义亲有子女□
十五构命□□袝葬□谒家痛切治此食
堂以汉安元年六月七日甲寅毕成石工高
平王□王□□高五庚此中人马皆食大仓

## 二三、嘉祥武氏祠堂孔子见老子画像石题记

该石刻于东汉时期，清乾隆五十一年（1786）大书法家黄易任济宁运河同知时，发现了嘉祥武梁祠（也称武氏祠）和“武氏前石室”“武氏后石室”“武氏祥瑞图”等20余块画像石。为妥善保存这批珍贵的古代石刻，黄易等人出资购地盖屋，将画像石嵌入四壁保存，唯将孔子见老子画像石运到济宁州学（文庙）保管，现藏济宁市博物馆汉碑室。

石高39厘米，宽168厘米，厚16厘米，横长方形，上顶为斜面。雕刻技法为平面浅浮雕。画面刻孔子与老子相会，于画面中部相向而立，孔子居左，手捧贽雁，隶书榜题“孔子也”；老子居右，手扶曲杖，隶书榜题“老子也”。二人间一推轮小儿。孔子后一随从和一辆轩车，驾双马，榜题“孔子车”。老子后一辎车，有榜无题；车后三人相对躬立。画面左侧有黄易题跋：“孔子见老子画像载洪氏《隶续》，乾隆丙午冬，钱塘黄易得此石嘉祥武宅（翟）山，敬移济宁州学。”

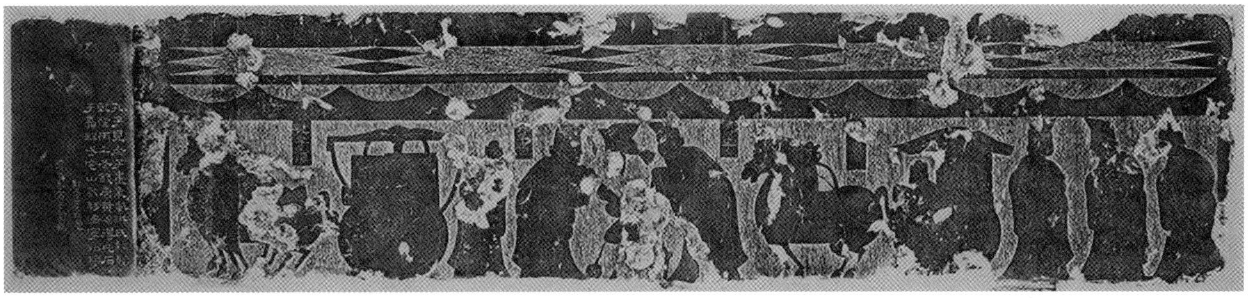

图2-124　嘉祥武氏祠堂孔子见老子画像石拓片

## 二四、长清孝堂山祠堂画像石题记

孝堂山祠堂位于济南市西南长清区孝里镇孝堂山（原名巫山）山顶，是中国目前未被埋在地下的保存最完好的地上房屋式建筑，占地面积不足10平方米。最早记载于北魏郦道元的《水经注》：“今巫山之上有石室，世谓之孝子堂。”祠堂为石结构、单檐悬山顶，两开间房屋，坐北朝南，面阔414厘米，进深250厘米，高264厘米。

祠堂内外有壁画，祠内东、西、北三壁和隔梁石上刻36组画像，主要内容是与祠主经历和生活有关的车骑出行、庖厨饮宴、狩猎百戏等画像，还刻有周公辅成王、孔子见老子、胡汉战争等历史故事，以及伏羲、女娲、风伯、雷公等神话人物的形象。雕刻技法以阴线刻为主，少数图像兼用凹面刻。此外在隔梁石的底面还刻有日月星辰等天文知识的图案。祠内保存汉唐以来游人的多次题记，最早的一条为东汉顺帝永建四年（129）所题：

平原湿阴邵善君以永建四年四月二十四日来过此堂叩头谢贤明

图2-125　长清孝堂山祠堂隔梁石西面题记“永建四年”拓片

图2-126　长清孝堂山祠堂《陇东王感孝颂》刻石

### （一）东壁画像石

拓片高148厘米，宽205.5厘米，右下部分残缺。

画面从上至下分八层。第一层为神话类神仙灵异之属；第二层为神话类与厅堂人物类；第三层为车马出行类；第四层为车马出行类；第五层为历史故事类；第六层为庖厨之类与乐舞百戏类；第七层为车马出行类；第八层人物不详。

题记3处，隶书，第一层题“门”；第三层题“相”；第五层题“成王”。

图2-127　东壁画像石拓片

图2-128　东壁画像石周公辅成王拓片

### （二）西壁画像石

拓片高150厘米，宽200.5厘米。

画面从上至下分八层。第一、二、三层为神话类，第四、五层为车马出行类，第六

图2-129　西壁画像石拓片

图2-130　西壁画像石拓片（局部）

层为厅堂人物类，第七层为战争类，第八层为狩猎类。

题记1处，隶书，第七层题“胡王”。

### （三）北壁西部画像石

拓片高94.5厘米，宽174.5厘米。

画面两层，第一层为车马出行类，第二层为厅堂人物类。

题记1处，隶书，第一层题“大王车”。

图2-131 北壁西部画像石拓片

图2-132 北壁西部画像石拓片（局部）

### （四）西山墙（西壁）外《陇东王感孝颂》

西壁，即西山墙外，刻有北齐武平元年（570）的《陇东王感孝颂》

额题“陇东王感孝颂”，篆书，2行。颂文为隶书，24行。北齐武平元年（570）申嗣邕撰文，梁恭之书。文曰：

惟夫德行之本仁义之基感洞幽明扰训禽

兽清音带冰而挺洁华采映雪而流辉根矩

定于一九丘吾绝于三失开府仪同三司尚

书右仆射尚书左仆射尚书令摄选新除特

进使持节齐州刺史陇东王胡长仁雌黄雅

俗雄飞戚里入膺北斗执柄端衡出牧东秦

惚条连率未脱崔林之屣聊□贾琮之襜视

听经过访询耆旧郭巨之墓马鬣交阡孝子

图2–133 《陇东王感孝颂》拓片

之堂乌翅衔阜君□爱奇好古历览徘徊妃
息在傍宾僚侍侧壁疑秦镜炳焕存形柱识
荆珉寂寥遗字所以敛眉长叹念昔追远遂
若羊公登岘还同处墨饮泉慨贤胜之多弊
嗟至德而无纪兰溪傥不见松毂城何以知
石于时开府中兵参军梁恭之盛工篆隶骑
兵参军申嗣邕微学摛藻并应命旨俱营颂
笔以大齐武平元年正月廿二日权舆雕莹
表建庭宇栋刻苍文檐栽翠柏庶令千叶之
下弥振金声九原之中恒浮王树其词曰
天经地义启圣通神重华曾闵莱子乐春时
多美迹世有芳尘前汉逸事河内真人分财
双季独养一亲客舍凶弭儿埋福臻穹隆感
异旁薄贻珍悬车遽落夜台弗晨千龄俄古
万杞犹新朱骖紫盖抚俗调民高山达节景
慕萦啧式凭不朽永播衣巾

## 二五、金乡朱鲔祠堂画像石题记

朱鲔祠堂画像为东汉墓葬祠堂画像，1927年出土于金乡县城西小李庄，周文奎移置县城圣庙明伦堂内，曾由金乡县文化馆收藏，后移藏山东省石刻艺术博物馆。现存画像石18块，其中完整者5块，这5块的尺寸相同，每一块高274厘米，宽88厘米，均为平面阴线刻，线条舒展流畅。画面皆为宴享宾客场面，刻有男女主人和宾客欢宴，有帷幕、列屏和罗列的杯、盘、樽、勺等，并有众多的侍者、婢仆。其中一石隶书题刻5行，可辨者有“朱长舒之墓”“汉朱氏”“始”“鲔”“嘉”等字。[①]

① 参见车吉心主编：《齐鲁文化大辞典》，山东教育出版社1989年版，第690页。

图2-134　金乡朱鲔祠堂北墙画像石拓片（局部）

图2-135　金乡朱鲔祠堂画像石朱长舒之墓拓片

## 二六、临淄光和六年王阿命祠题记

该石刻于汉灵帝光和六年（183），于20世纪70年代，在山东临淄齐国故城东北城外，当地农民平整土地时发现，现藏临淄石刻馆。王阿命祠为独石雕造，是汉代小型石祠，总长130厘米，后圆部分直径94厘米、高80厘米，龛前平台长92厘米、宽56厘米、厚23厘米。现仍基本保存完好，呈前方后圆式，后圆部分为圆弧顶，顶部有圆形平台，顶前檐刻瓦垄三道。檐下凿浅龛，浅龛后壁线刻图像，内容为王阿命坐观游戏。龛前为一长方形平台。龛左右壁、顶和龛前平台均无画像。该祠后圆部分经后人改造，顶刻楷书“贸夫人”和“曹夫人”字样。

图2-136　临淄光和六年王阿命祠原石

龛右隶书题记2行，共23字：

齐郎王汉特之男阿命□

光和六年三月廿四日物故痛哉

## 二七、平阴实验中学祠堂后壁孔子见老子画像石题记①

1991年，山东平阴县实验中学发现一座用汉画像石建造的晋墓，共出土汉画像石12块，现藏平阴县博物馆。其中7号石为孔子见老子图，石高93厘米，宽135厘米，厚22厘米。断为两块，可以拼接。图像为凿纹地平面线刻。上边和右边有边栏二道，栏内刻龙首卷云纹。图像由界栏分为两层。上层为孔子见老子，画像中的人物多题记。右边一人躬身向左，脑后题记“老子”；其前一小儿与之对面而立，小儿手上扬，头部右上方题记“大□诧”；小儿身后为孔子及其弟子，共12人，除左边第二人外，皆向右立。孔子躬身侧立，脑后题记“孔子”；其后两人皆躬身侧立，题记为“左丘明”“颜渊”，其中“左丘明”题记为首次发现；颜渊之后的“闵子”回头与“伯牛”对话；其后为“冉仲弓”“□□”“子赣”“冉□□”，其后三人题记不清，最后二人相对而语。

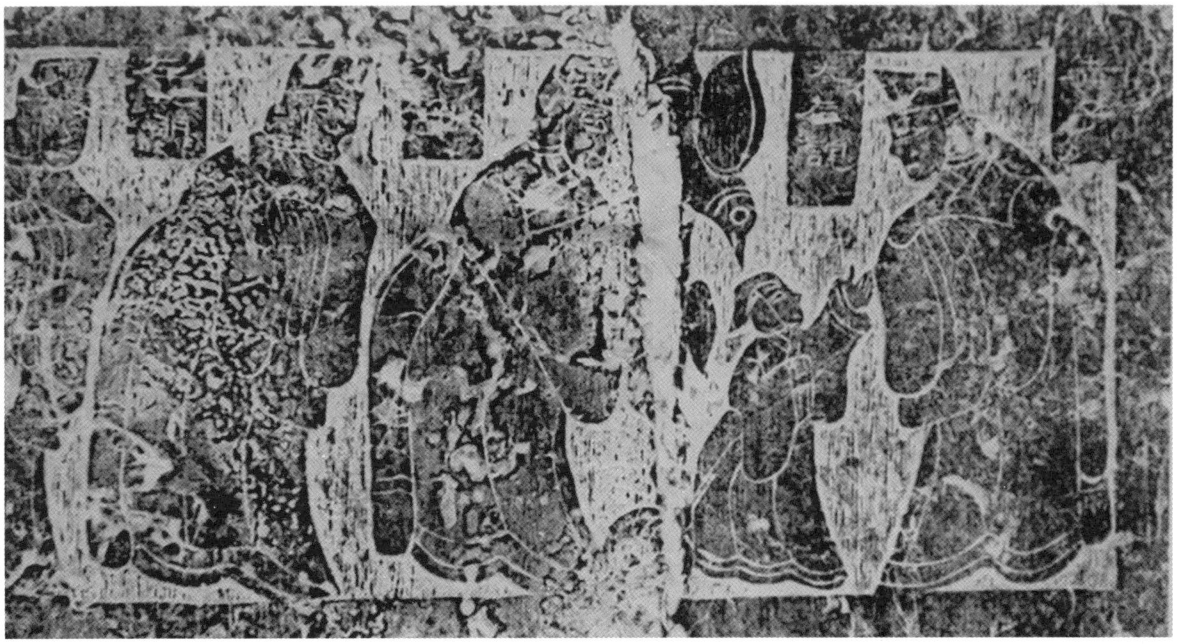

图2-137　平阴实验中学祠堂后壁孔子见老子画像石题记（局部）

① 参见乔修罡、王丽芬等撰：《山东平阴县实验中学出土汉画像石》，《华夏考古》2008年第3期。

## 二八、邹城东王父榜题画像石①

该石于1974年在邹城郭里镇独山村被发掘，藏于邹城孟庙。原石高76厘米，宽64厘米。画像为浅浮雕，画面分为两层。

上层三人，居中者伏案而坐，左右二人相对而立。居中者身后左上方有高圈足酒壶。画面左上角阴刻题记3字，隶书，曰“东王父”。

下层为车马出行，共四人一车一马。中为一轺车，车中乘坐二人，一人为驭者，主人端坐。左右二人相对而立。

图2-138　邹城东王父榜题画像石原石

① 参见胡立新著：《邹城汉画像石》，文物出版社2008年版。

图2–139　邹城东王父榜题画像石拓片

## 二九、邹城东汉“食斋祠园”画像石题记

图2-140　邹城东汉“食斋祠园”画像石原石

东汉“食斋祠园”画像石原镶嵌在山东省邹县（今邹城市）白杨树村关帝庙中，辗转被清末金石家端方收藏并记录在《陶斋藏石记》中。端方殁后，金石收藏家周进花巨资购得“食斋祠园”画像石等珍贵刻石收藏，并记录在《居贞草堂汉晋石影》中。中华人民共和国成立后，其子女们将“食斋祠园”画像石连同父亲珍藏的其他文物全部无偿捐献给国家，现保存于故宫博物院。

食斋祠园画像石高68.5厘米，宽40厘米。

石面主体为一人物刻像。人物为正面形象，平冠长裾，双臂交叉上抱于胸前，左手持斧，右手持钩，应为逝者画像。石面左侧刻隶书1行4字，曰“食斋祠园”。

图2-141　邹城东汉“食斋祠园”画像石拓片

# 三〇、嘉祥汉故山阳金乡周掾祠堂画像石题记

该石出土于山东省嘉祥县满硐乡，流失民间，原石已不知所终，亦不见于有关资料著录。

石高112厘米，宽38厘米。碑首正中额题“汉故山阳金乡周掾祠堂”10个较大隶字；左右两个圆形图案中分别刻“右富贵”“左阳遂”，其下方各刻有一条螭龙。右边沿刻8个隶字。中部题刻为正文，皆为八分隶书，纵16列，408字。加碑额题字，题刻画像石共有文字432字：

光和四年大辛酉十二月成此中人马禽狩皆食大仓饮江河

惟念家掾字少豪结僮好学有文武养育资财孝弟

慈思父母义四邻敬重乡里行成于内表具贤士乡里官侍

所称举父子宦于金乡有义理尽亟官簿历诸曹掾史掾子男

孟贼捕掾游徼亭长孟家夜为人可利白君自行逐捕到魏郡来

还道中被辟气着床掾为卜问医药共尽夫妻殁亡悲哀遣

送备具掾感伤心后三年所被疾着床积有日久消加剧魂魄非掾

远身命在展烛忽绝长归冥太河命有终始不可追还以立表示后生

夫人惟念周掾体位中值少小承事门户政敦致有赀财父子相承事言

语有威二男四女各以成家为孟儿客子娶妻不相成就后为娶会谢

氏子女不蒙天登子孙别离恨不尽子道前后连逢衰央卜问解奏不

为知闻把地呼天涕泣交彦祖葬十物备具持伏三年竭力尽中为掾立祠

堂市石名山连车载之不辟风寒使师周调兄弟为治刻尽人马具行三重

光带皆有文章上耳云气禽狩悉皆备具以成之后若掾复生

夫人嫁娶皆乡里四性大女夫朱车弟女夫成仲弟女夫巍由小女夫周客孟子女字姜天巍□

车军客子嗛苦用心为姬市石□□不辟冰寒若子曷异也□枚诸僮四海士来入堂中但愿耳无敢□之寿万年

题刻下部刻一棵连理树，树上共有鸟21只，鸟巢2个，鸟巢中各有3只幼鸟引颈顾望，嗷嗷待哺。树下拴有一马，左侧二人，其中一人在为马梳理。右侧二人，一人在清理马粪，一人伸手欲取挂在树上的吊篮。树中部繁枝密叶中，隐刻一只蝙蝠。

图2-142　嘉祥汉故山阳金乡周掾祠堂画像石上部拓片

图2-143　嘉祥汉故山阳金乡周掾祠堂画像石中部拓片

图2-144　嘉祥汉故山阳金乡周掾祠堂画像石下部拓片

# 第三章

# 墓阙画像石题记

## 一、嘉祥武翟山村建和元年武氏祠石阙题记

该石立于东汉桓帝建和元年（147）。武氏祠石阙位于山东省嘉祥县城南15千米武翟山村北武氏墓前，武氏石阙是已知武氏家族墓地中最早的一组石刻建筑物。在赵明诚、李清照夫妇的《金石录》中已有著录。宋元以来由于黄河的泛滥，武氏墓群石刻被冲毁，大部分祠堂和石阙淹没在淤泥中。清乾隆五十一年（1786），黄易任山东运河同知期间，把石阙从淤土中移到地面，仍立于原地。1961年，嘉祥县文物部门以此二阙为准，建室原地保护。今藏于嘉祥武氏墓群石刻博物馆。

武氏祠石阙双阙形制完全相同，雕刻内容各异。双阙均呈楼阁型，为重檐四阿式顶复体阙，即母阙旁依子阙，下有底座，上呈斗形，斗上刻檐瓦状，全部用刻有图像的石块构砌而成。题记位于西阙母阙阙身前部。此处以西阙为例介绍。

西阙石高340厘米，底座东西长258厘米，南北宽140厘米。上斗东西长200米，最顶东西长110厘米，西阙分母阙、子阙、阙斗、底座几部分。

母阙阙身由三石叠成，其前（北）、后（南）、右（东）三面各有画像，左面连接子阙。

### （一）母阙阙身

1. 母阙阙身前（北）部画像

第一层：上部刻一骑一车，下部刻四人；

第二层：刻铺首和双龙衔璧；

第三层：刻一组八分铭文。画面四周饰连弧纹、陶纹、双菱形纹。

图3-1　武氏祠石阙西阙母阙阙身前（北）部画像石第一层拓片

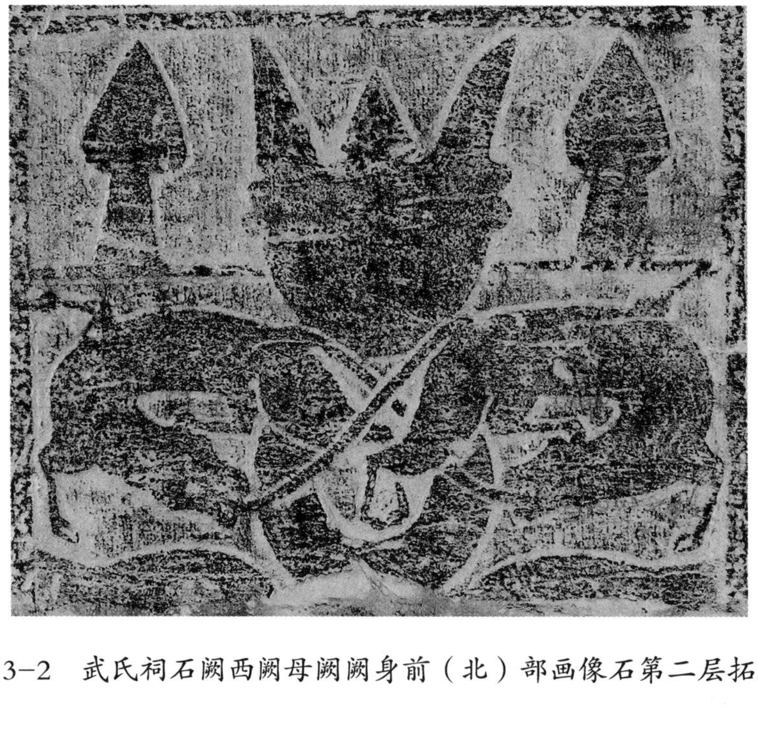

图3-2　武氏祠石阙西阙母阙阙身前（北）部画像石第二层拓片

西阙北面最引人注目的还是母阙阙身上面刻的一组八分铭文。在铺首双龙衔璧画像下，规整地排列着铭文8行，隶书，行12字，末行9字，共93字。漫漶严重，据旧拓，文曰：

建和元年大岁在丁亥三月庚

戌朔四日癸丑孝子武始公弟

绥宗景兴开明使石工孟孚李

弟卯造此阙直钱十五万孙宗

作师子直四万开明子宣张仕

济阴年廿五曹府君察举孝廉

除敦煌长史被病夭殁苗秀不

遂呜呼哀哉士女痛伤

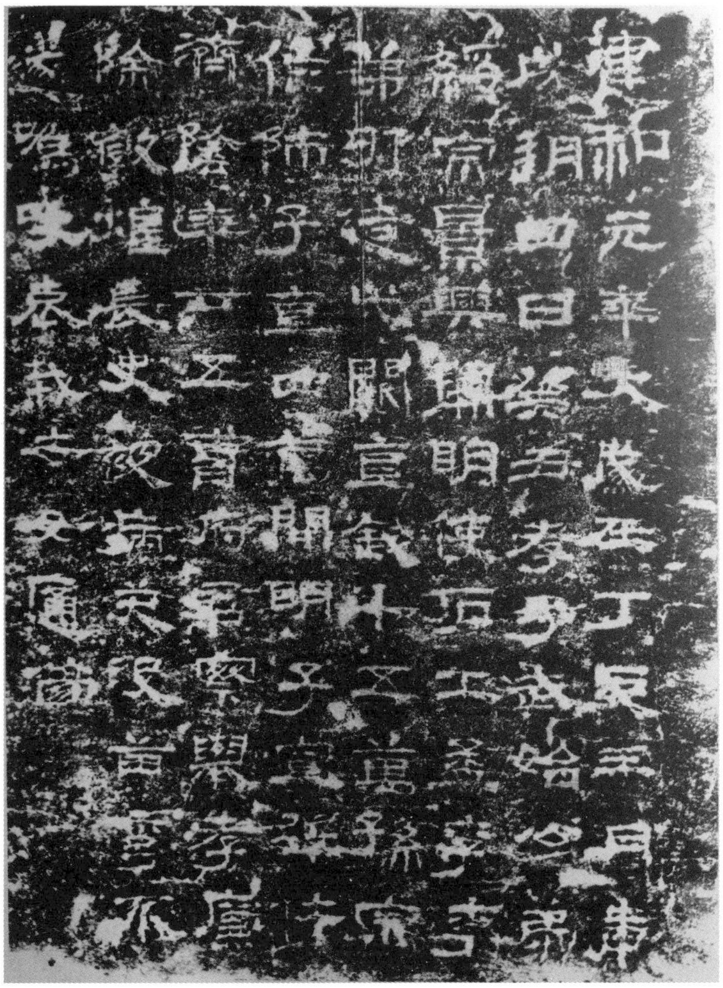

图3-3　武氏祠石阙西阙母阙阙身题记拓片

2. 母阙阙身后（南）面画像

画像分五层，无题记。

第一层：刻六人，左一人右向，其前跪一人，跪者之后又立四人，右五人皆左向；

第二层：刻一骑一车；

第三层：刻六人，皆冠服；

第四层：画像不清，刻有五人，其中两人似乎在表演角抵之戏，另外三人在观看表演；

第五层：刻一骑一车。

画面四周饰连弧纹、陶纹、双菱形纹。

图3-4　武氏祠石阙西阙母阙阙身后（南）面画像石第一层拓片

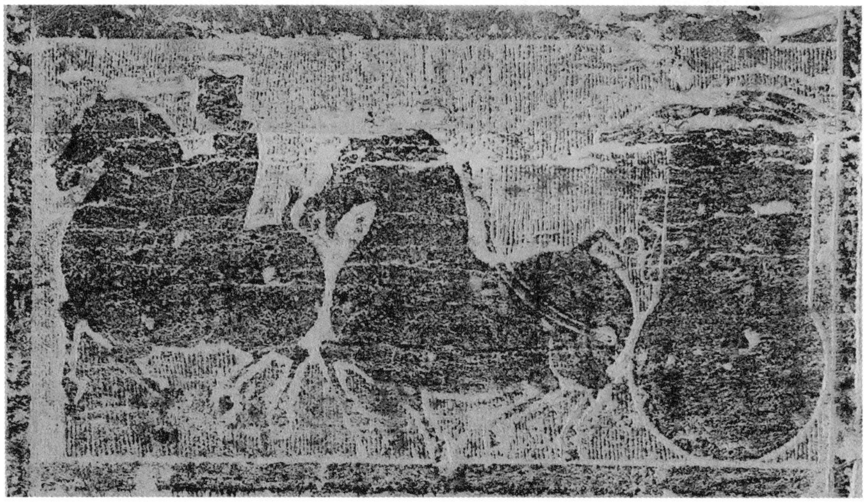

图3-5　武氏祠石阙西阙母阙阙身后（南）面画像石第二层拓片

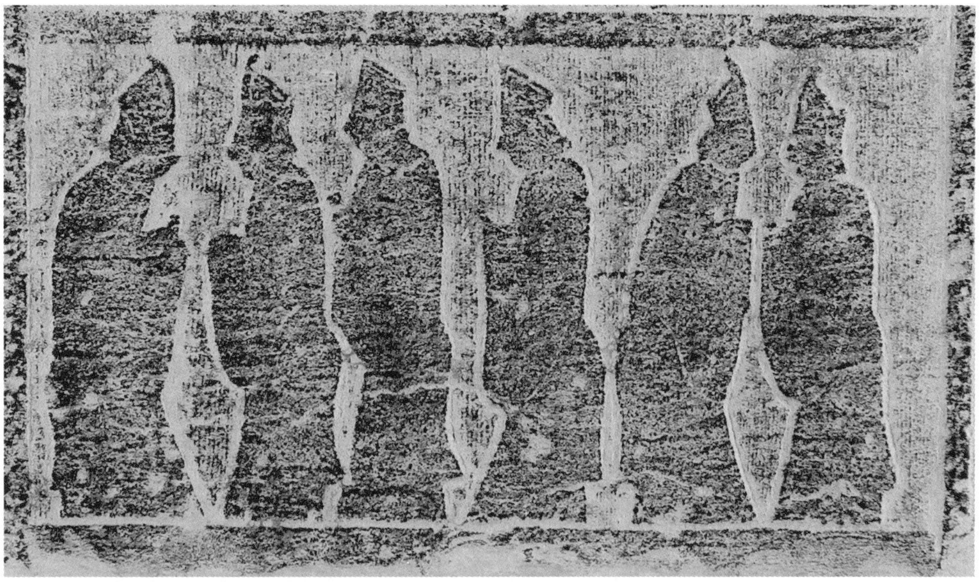

图3-6　武氏祠石阙西阙母阙阙身后（南）面画像石第三层拓片

图3-7　武氏祠石阙西阙母阙阙身后（南）面画像石第四层拓片

图3-8　武氏祠石阙西阙母阙阙身后（南）面画像石第五层拓片

3. 母阙阙身右（东）面画像

画像分三层，有后代题记。

第一层：刻一人，左向拱手而跪；

第二层：刻一兽，似为青龙；画面左上刻有“武氏祠”3字。

第三层：刻一人，执盾正面站立。

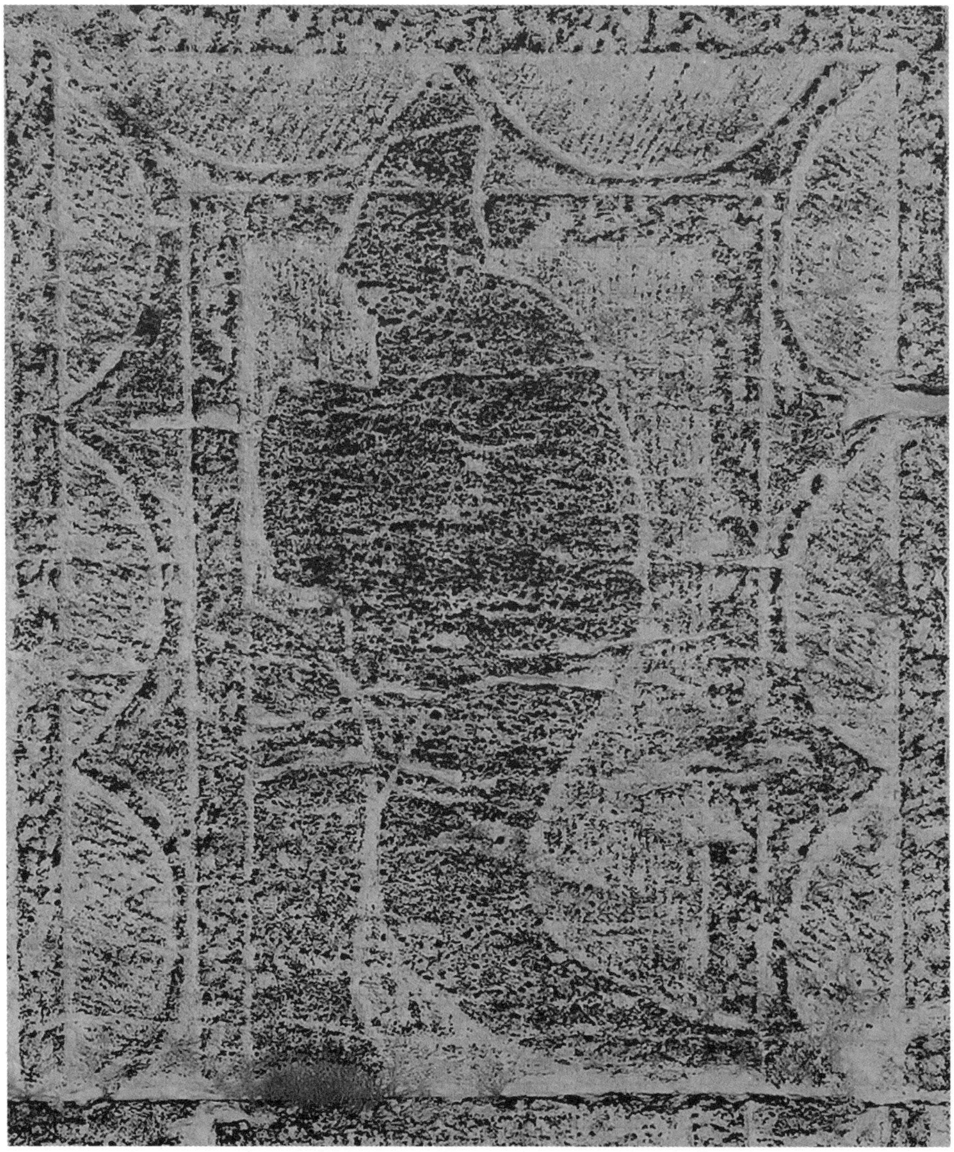

图3-9　武氏祠石阙西阙母阙阙身右（东）面画像石第一层拓片

图3-10　武氏祠石阙西阙母阙阙身右（东）面画像石第二层拓片

图3-11　武氏祠石阙西阙母阙阙身右（东）面画像石第三层拓片

### （二）西阙母阙阙身上部之斗，有清人题记

斗有四面，其中前、后、右面有画像：

1. 前面画面分两格，左刻一兽如牛，右刻一兽似虎，皆已漫漶不清。画的上部刻小圆饼28行，每行3枚。各圆饼内刻1字，已不清，能辨识的有：

戊申三月……李克正来观

十月……黄易来……

戊三济宁李琪观

南正炎来观

申月宁东来

2. 后面左边刻一兽一虎，右向。

3. 右面不易辨识。

图3-12　武氏祠石阙西阙母阙阙身上部之斗前面白虎画像石拓片

图3-13　武氏祠石阙西阙母阙阙身上部之斗前面清人题记拓片

图3-14　武氏祠石阙西阙母阙阙身上部之斗后面瑞兽画像石漫漶不清

## （三）西阙母阙柱顶石画像，无题记

此阙柱顶石分四面，前、后两面有画像。

1. 前面刻母禽一只，左向而立，周围有子禽6只，画的上边及左右两边皆饰连弧纹。

图3-15　武氏祠石阙西阙母阙柱顶石母禽画像石拓片

2. 后面刻青龙（或白虎）一只，左向。

画像的上边和左右两边皆饰连弧纹。

图3-16　武氏祠石阙西阙母阙柱顶石后面青龙画像石

图3-17　武氏祠石阙西阙子阙后（南）面画像石第一层拓片

### （四）西阙子阙，无题记

母阙左连子阙，子阙阙身前（北）、后（南）、左面各有画像。

1. 子阙左面画像

左面上刻青龙，下刻一兽如虎，嘴咬青龙之尾，画面四周饰连弧线。

2. 子阙后（南）面画面分三层

第一层：刻二层楼，楼上有人物、花鸟，楼下有一人一马；

第二层：刻周公辅成王图；

第三层：刻一只白虎。

图3-18　武氏祠石阙西阙子阙后（南）面画像石第二层拓片

图3-19　武氏祠石阙西阙子阙后（南）面画像石第三层拓片

3. 子阙前（北）面画面亦分三层

第一层：刻二层楼，楼上亦有人物雀鸟，楼下有一马和两执戟者；

第二层：刻一人端坐，两人向其叩头，一人执障扇立于其后；

第三层：刻三执戟骑士。

图3-20　武氏祠石阙西阙子阙前（北）面画像石第一层拓片

图3-21 武氏祠石阙西阙子阙前（北）面画像石第二层拓片

图3-22 武氏祠石阙西阙子阙前（北）面画像石第三层拓片

### （五）西阙子阙上部之斗，无题记

子阙上部之斗右连母阙，其前、后、左面均有画像。

1. 后部画面分两格：左一鹿奔驰，右一人一马，画面上边饰连弧纹。

2. 前面亦分两格：左刻玄武，右刻朱雀。

3. 左面图中刻一怪物，人首兽足，两边有鸟头伸出。画面上亦饰连弧纹。

图3-23 武氏祠石阙西阙子阙上部之斗后画像拓片

图3-24 武氏祠石阙西阙子阙上部之斗前画像拓片

图3-25　武氏祠石阙西阙子阙上部之斗左画像拓片

## 二、文登建初六年司马长元阙铭

该石立于东汉章帝建初六年（81），1912年出土于山东文登县城西顾头村农田中，现藏威海市文登区博物馆。

左阙石高107厘米，宽21厘米，刻隶书1行，曰：

□□武威西狄道司马长元石门

右阙石高106.5厘米，宽21厘米，刻隶书1行，曰：

建初六年十月三日成

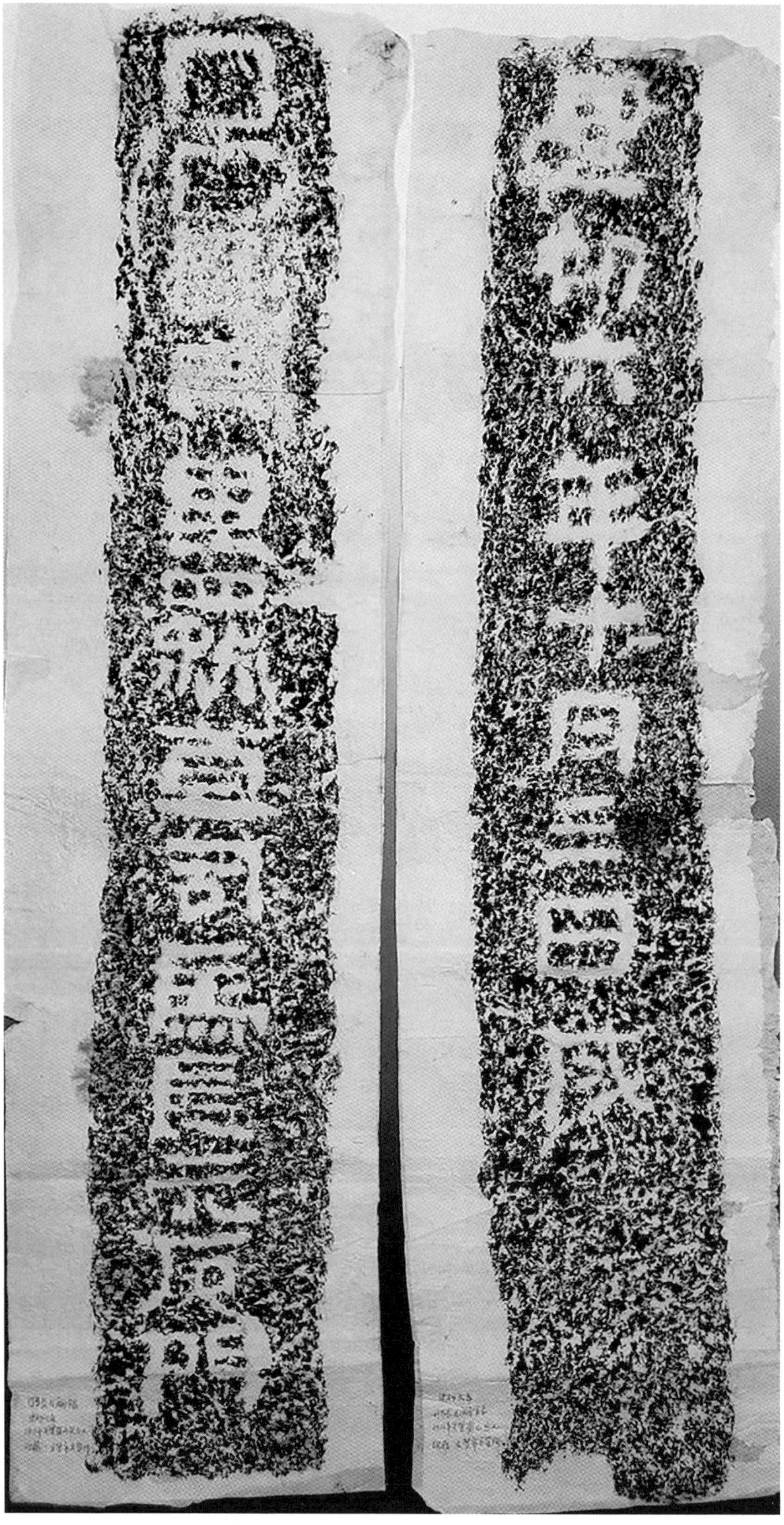

图3-26　文登建初六年司马长元阙铭拓片

## 三、莒南县东兰墩元和二年孙氏阙题记

该石立于东汉章帝元和二年（85）。1965年2月，山东莒南县北部延宾公社东兰墩村附近出土了二残石阙，阙身一石，顶二石，现藏于山东省石刻艺术博物馆。阙身高180厘米，宽52—70厘米，厚20厘米，用红砂岩制成，在山东地区较为少见。图像雕刻技法为剔地浅浮雕。阙身正面和左侧面刻图像，右侧面刻题记。正面边饰垂帐纹。图像分四层：自上而下第一层刻乐舞、三鱼共首和六头兽；第二层为二骑向左行；第三层是弹琴和长袖舞；第四层刻四人，两两相对。左侧面，上端刻一兽，中部为穿璧纹，下边是一人首蛇身者。右侧面隶书题记1行：

元和二年正月六日孙仲阳仲升父物故行丧如礼刻作石阙贾直万五千

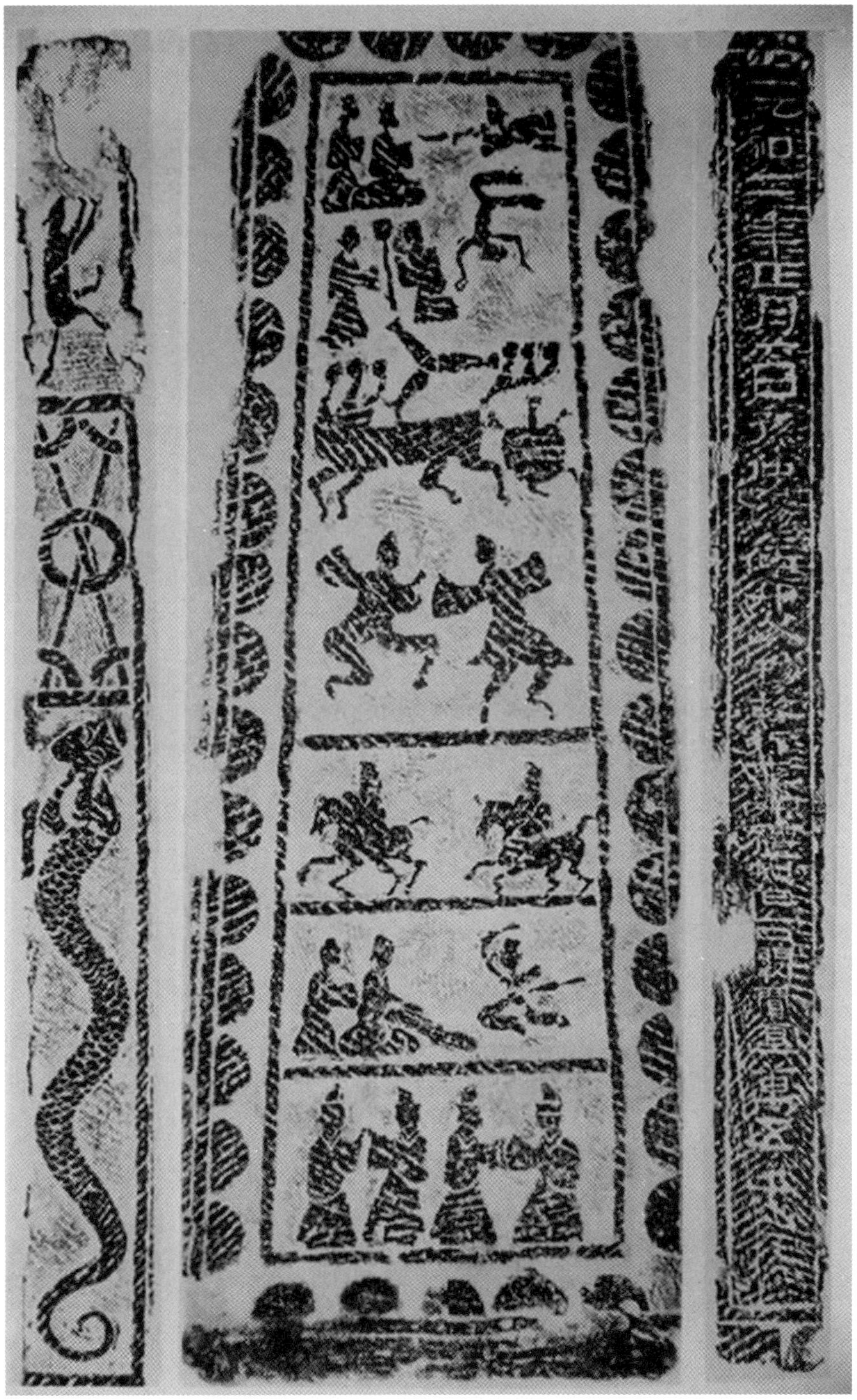

图3-27　莒南县东兰墩元和二年孙氏阙拓片

## 四、平邑八埠顶元和三年皇圣卿阙题记

该石立于东汉章帝元和三年（86），原在山东平邑县（当时属费县）平邑镇八埠顶，1932年迁移至平邑镇小学内，后入藏平邑县博物馆。赵明诚、李清照夫妇在《金石录》中讲其著录为第四十二“汉南武阳功曹阙铭”（章帝元和三年）。今双阙皆存。

图3-28　平邑八埠顶元和三年皇圣卿阙原石

皇圣卿阙形制为单檐四阿顶单体石阙，总高约250厘米，阙身为一块截面近方形的石柱，高153厘米，面宽70厘米，厚57厘米。阙身单体，视觉上显得厚拙稳重。西阙阙身四面均刻有图像，像外有边栏两重。图像分五层，皆采用上下分层的构图布局和凿纹地凹面线刻的雕刻技法。因久经风雨剥蚀，图像和题记多已磨泐不清。题记刻于阙南面第四层左侧，隶书，4行，行9—12字不等，文曰：

南武阳平邑皇圣卿冢

之大门卿以元和三年十二

月廿□日己卯(中缺)殇

（上缺）元和三年八月（下缺）

（原石已泐，部分文字内容参照《山东汉画像石汇编》）

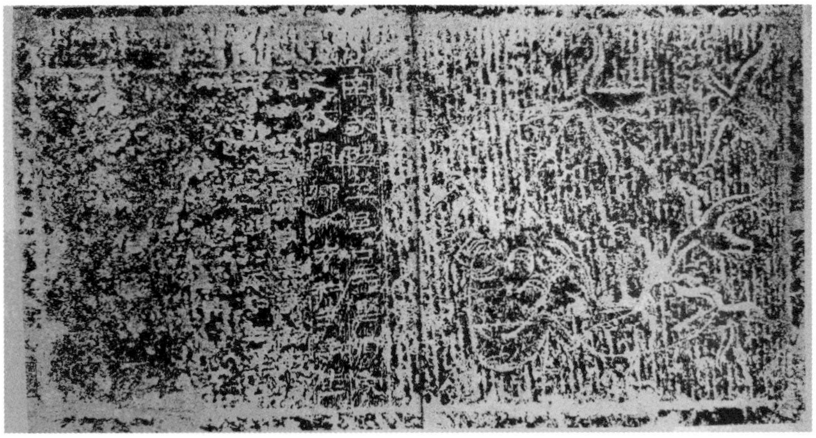

图3-29　皇圣卿阙西阙南面阙铭拓片

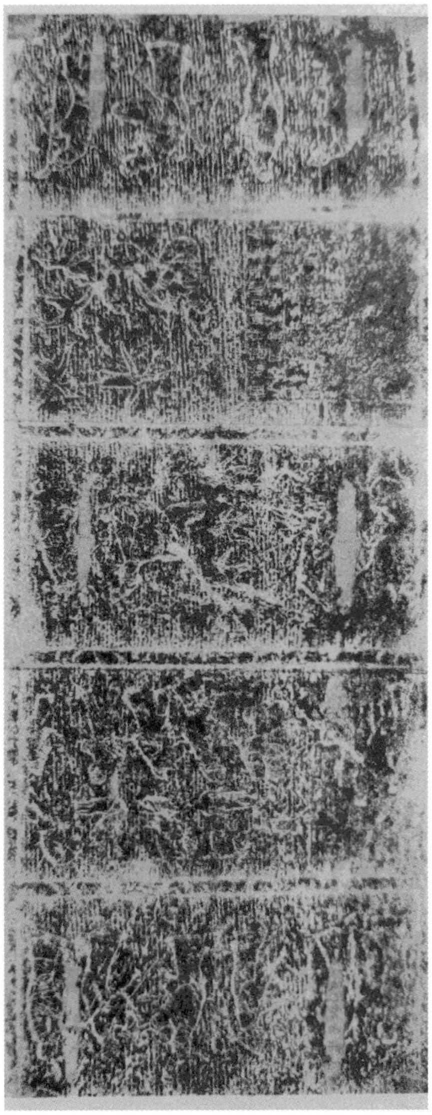

图3-30　皇圣卿阙西阙南面画像石拓片

皇圣卿阙东阙阙身四面均刻有图像。图像分四层，皆采用上下分层的构图布局和凿纹地凹面线刻的雕刻技法。题记刻于阙西面自上而下第一层，3处，6字，曰“宀士”，曰“信夫”，曰“孺子”。

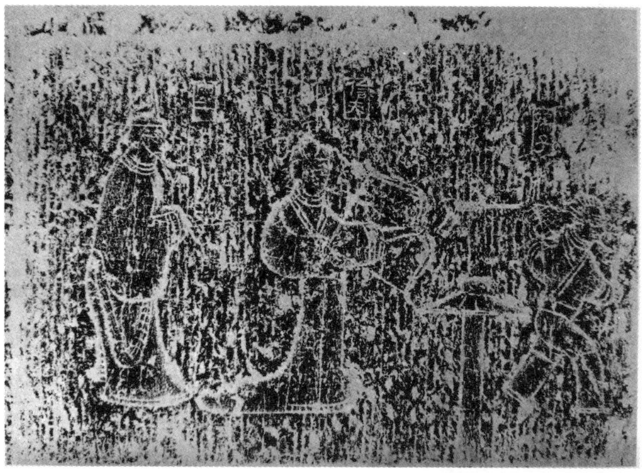

图3-31 皇圣卿阙东阙西面画像石第一层信夫射孺子画像拓片

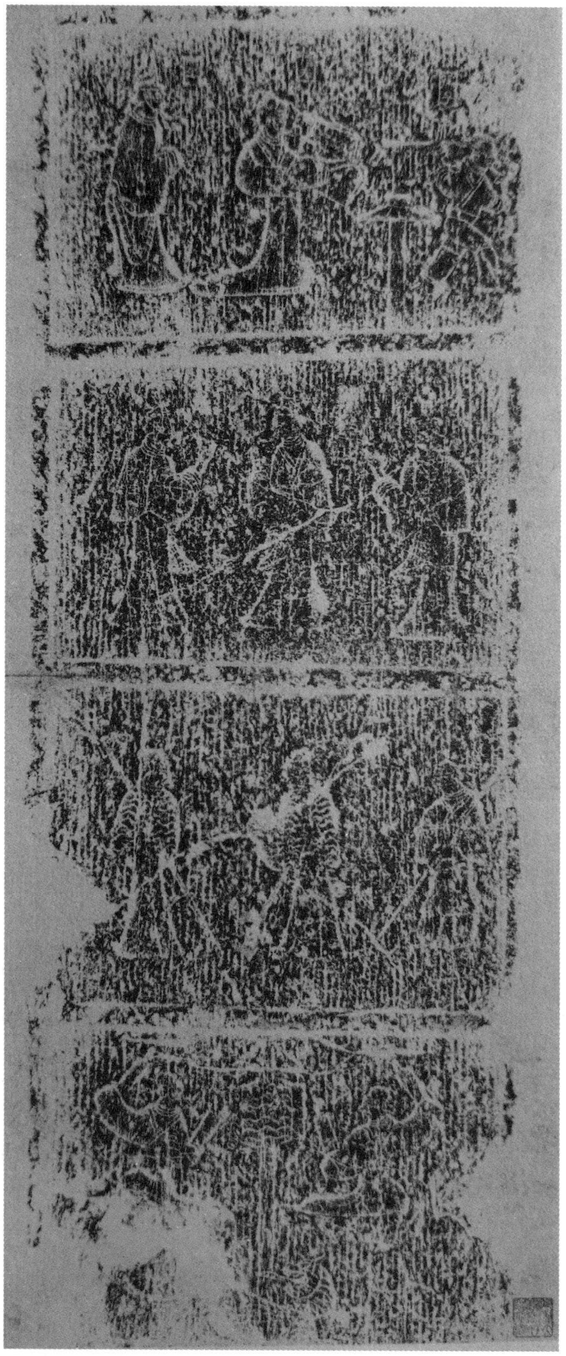

图3-32 皇圣卿阙东阙西面画像石拓片

## 五、平邑八埠顶章和元年功曹阙题记

该阙立于东汉章帝章和元年（87），原与皇圣卿阙同立于八埠顶，1932年与皇圣卿阙同迁移至平邑镇小学内，后入藏平邑县博物馆。赵明诚、李清照夫妇在《金石录》中将其著录为第四十三“汉南武阳功曹墓阙铭”（章和元年）。

功曹阙仅存一单阙，其形制、大小和阙身图像的造型、刻法，都与皇圣卿阙近同。形制为单檐四阿顶单体石阙，总高约250厘米。阙身为一块截面近方形的石柱，高150厘米，面宽69厘米，厚59厘米。阙身四面均刻有图像，像外有边栏两重。图像分四层，上

图3-33　平邑八埠顶章和元年功曹阙南面题记拓片

两层与下两层之间隔以窄长的空格，皆采用上下分层的构图布局和凿纹地凹面线刻的雕刻技法。因久经风雨剥蚀，图像和题记多已磨泐不清。该阙南面第四层图像右侧有题记，隶书，8行，行18字不等，已漫漶不清。文曰：

故南武阳功曹乡啬夫文学掾平邑君□□

卿之阙卿（缺六字）困苦天下相感

□□仟□□□三□观朝廷□□明君

□直任人□□二□来□德□道以为国

三老（缺四字）章和元年二月十六日

□子□文学叔□□石工□□□乡啬

（缺十一字）伯□廷直□□

四万五千[①]

## 六、莒县东莞光和元年孙熹阙题记

该石刻于东汉灵帝光和元年（178）。1993年，山东莒县博物馆的工作人员在东莞镇东莞村清理一座用汉画像石建筑的古墓，其中有单石雕造的阙一对，有基座。现藏莒县博物馆。阙身如碑状，阙顶已被砸毁。西阙残高167厘米，宽68厘米，匾阙残高169厘米，宽70厘米，匾身图像基本完整，图像雕刻为平面浅浮雕。东阙题记刻于石阙第二层中部。隶书，8行，行14—18字不等，大多被剜灭。文曰：

门大夫

惟光和元年八月十日□□琅邪东莞□孙熹

年六十四故世□□故□□诸曹掾□县主簿

□昇离□□情意□此大门阙□□归

于□千秋万岁□□□□□□□山□□□

□□□□有刻□□□者游魂□无不□

其□□□□□□□□□□□□□孙□

东□命行事承□□升太知播惠康

□□□□□□□□□□永永无疆

① 参见傅惜华、陈志农编：《山东汉画像石汇编》，山东画报出版社2012年版，第208页。

图3-34　莒县东莞光和元年孙熹阙东阙拓片

## 七、荣成昌阳西汉末东汉初严阙题记

该石刻于西汉末东汉初，原立于荣成市荫子镇三冢泊村汉代墓冢旁，现藏荣成博物馆。石高235厘米，宽52厘米。石阙篆书刻字2处，上端前刻“昌阳严”3字，后刻“严掾高”3字。

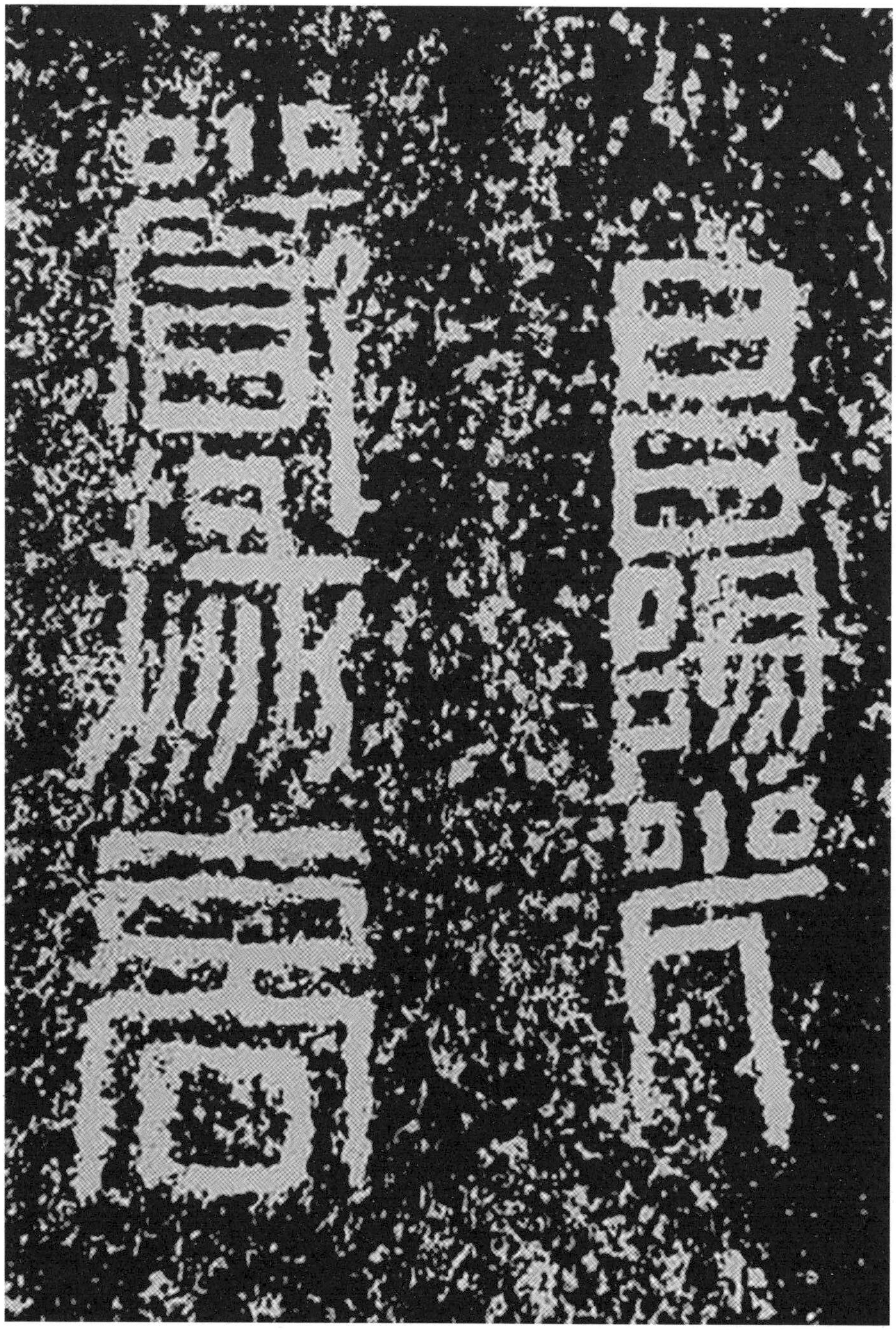

图3-35　荣成昌阳西汉末东汉初严阙题记拓片

图3-36　荣成昌阳西汉末东汉初严阙原石

图3-37　荣成昌阳西汉末东汉初严阙原石（局部）

# 第四章

# 墓室画像石题记

## 一、东平石马居摄三年画像石立柱题记

图4-1　东平石马居摄三年画像石立柱拓片

该石刻于西汉居摄三年（8），于1997年东平县石马村出土。东平博物馆藏。原石高135厘米，宽22厘米，厚18厘米。图像采用凿纹地凹面线刻，内容为一人头戴笼冠，拱手向右站立。图像上方有隶书题记4行：

元始二年五月中母不幸

元始三年五月中父不幸

居摄二年二月中治

三年四月泽服

## 二、滕州永元三年残石题记

该石刻于东汉和帝永元三年（91），出土于山东滕州，时间地点不详，现下落不明。从拓片看，原石残存左上角，拓片残高45厘米，残宽36厘米。图像全无，仅残存边栏三道，上边栏内可见一小树。石左上角有隶书题记3行，25字：

永元三年四月

口成传于后世敬白士大夫愿
毋毁伤愿毋毁伤

图4-2 滕州永元三年残石题记（采自《中研院历史语言研究所藏汉代石刻画像拓本精选集》，台北："中央研究院"历史语言研究所编，2004年，第62页）

## 三、滕县堌城永元十年画像石题记

该石刻于东汉和帝永元十年（98），为原滕县文化馆征集，早年在辛庄公社堌城村出土。滕州博物馆藏。石残，高100厘米，宽20厘米。图像雕刻技法为浅浮雕。图像为一执笏人物。上方有题记4行：

（上泐）□□□□□□永元□□年六月十五日□□

□父礼□子孙无以□日□佳石□□

颜文□昆弟六人弟□文伯□仲□文

母以永元十年七月廿七日□□不幸母□□亡

图4-3　滕县永元十年画像石拓片

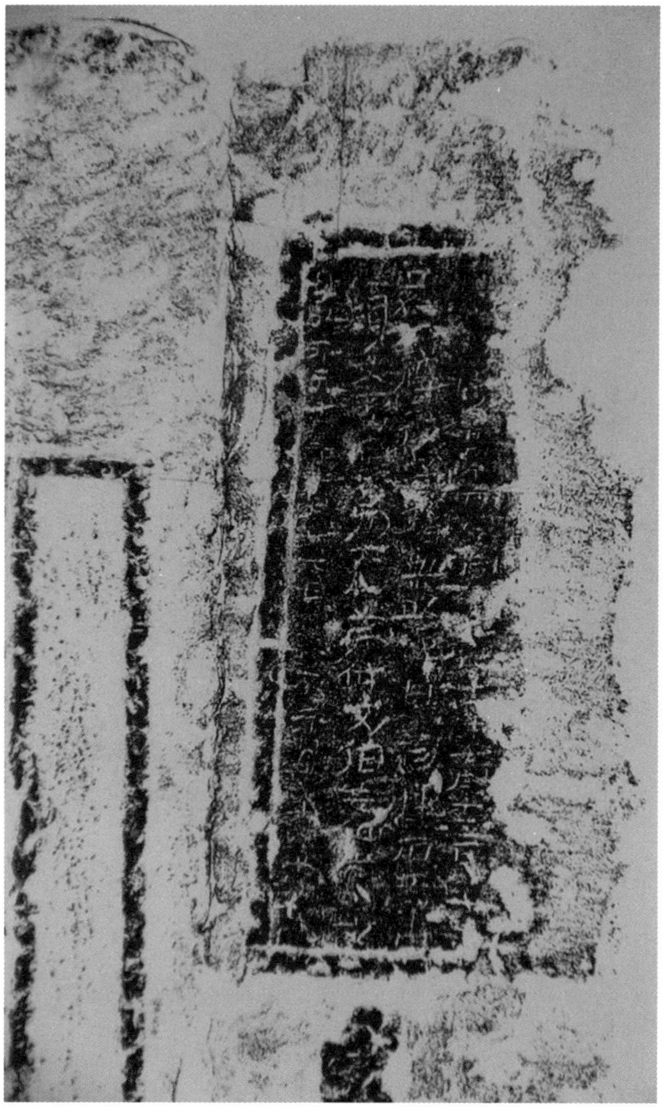

图4-4　滕县永元十年画像石题记拓片

## 四、临沂永元十二年徐果画像石题记

该石刻于东汉和帝永元十二年（100），近年出土于山东临沂，今为私人收藏。刻面高93厘米，宽24厘米。隶书4行，行29字不等，文曰：

永元十二年十一月廿五日西欲晏李文薛生共为徐果作郭功夫百余天

价值三万百余哀年少失父母复遭□□之病深自哀眷王比独

□父母乐乌乎悲□窃闻终始之义天命有之□非孝子所能而

□□□生之义天地古有虽周公孔子犹不得常在此地吉之

图4-5　临沂永元十二年徐果画像石原石

图4-6　临沂永元十二年徐果画像石拓片

## 五、枣庄市中区王山头延光三年朱作纪母画像石题记

该石刻于东汉安帝延光三年（124），1982年枣庄市中区王山头村出土，现藏枣庄市博物馆。石高21厘米，宽211厘米，厚32厘米。图像雕刻技法为剔地浅浮雕。画面横向分布，图像四周有边栏。中央位置有两座关门，门内各有一名守御关卒。两座关门中央以及画面两侧为交战地带，左边为胡兵，右边为汉兵，双方皆挽弓徒步对射。汉兵队列最前方一持刀者为前驱，右侧骑马挥刀者为汉将军。两座关门旁边堆放有许多头颅，表示获取的胡兵首级。关门左方胡兵虽奋力抵挡，但已有人负伤倒地。画面最左面表现起伏山包，山中藏有胡兵，一名身材健硕、高鼻深目、下巴生有胡须的胡将军正挥刀督战。画面外左侧凸出一长方框，框内阴刻隶书题记14行，行与行之间有界格，每行十数字不等，计160字，文曰：

延光二年十一月十四日朱作纪失母以

延光三年二月廿五日葬弟□四人□□

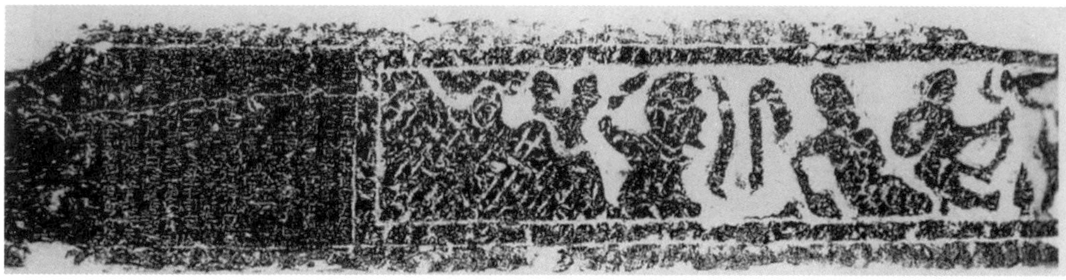

图4-7　枣庄市中区王山头延光三年朱作纪母画像石拓片

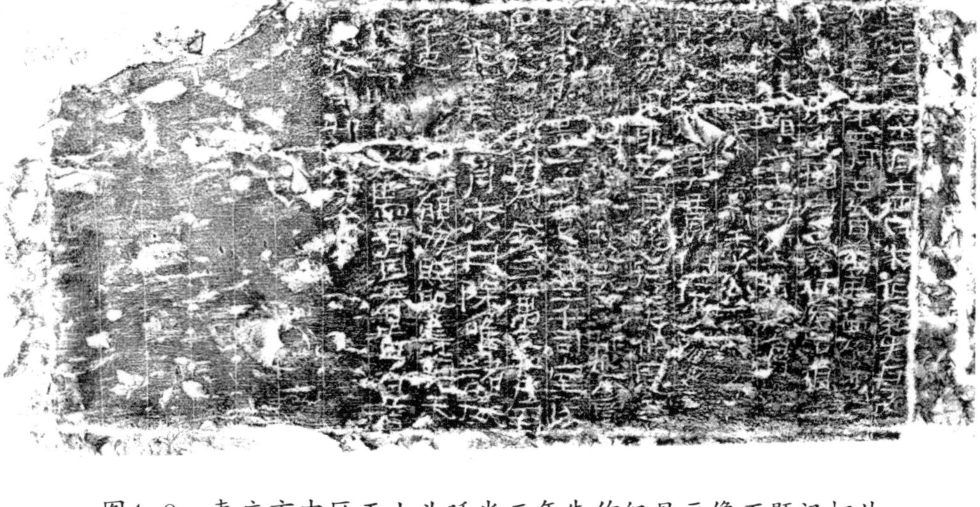

图4-8　枣庄市中区王山头延光三年朱作纪母画像石题记拓片

□君安□宇□得厥知祖……

□□□堂司□□从□……

□□奉家季公□……

□水□嗔丑凤伯仁少阳

□众□取五百复从□作恩□□□

□忍□□恕元□□关八卖……

永元□寿□□钱二千司室成……

□□人功中分为钱三万五千□□

延光二年十一月十八日除唯诸掾……

□□□愿母贱贩寿□天

□敬此中人马有口者皆食……

□□毋□如□父……

## 六、苍山城前村墓元嘉元年画像石题记①

1973年5月，山东博物馆联合苍山县文化馆发掘了城前村的一座前后室汉代画像石墓。对照题记可知，该画像石刻于汉桓帝元嘉元年（151），该墓已经被后人改造，内中随葬品有南朝特点。墓室内有画像石刻计10石12幅，图像雕刻技法皆为剔地浅浮雕。侧室的南北门柱有长篇的题记，所刻内容连贯，题记的文字注解了画像。画像石藏苍山县博物馆即今兰陵县博物馆，题记石藏山东省文物考古研究院。

墓室是用60块石灰岩石料砌成，分墓门、前室、双主室及侧室5个部分，平面近长方形。墓室内全长546厘米，宽294厘米，高248厘米。

墓门为东西并列的两个长方形门，高111厘米，宽分别为82厘米和75厘米。门外以两块石板封堵。

前室东西长202厘米，南北宽166厘米，中间最高248厘米，四壁高180厘米，地面低于主室24厘米。室底铺石，立柱与壁石上，叠筑横额，上再叠砌枋石，顶两级，各用4块三角形石交错叠涩构成方形的藻井，再覆一方形石板为盖顶。盖顶石的正中刻有一个圆圈。南壁即墓门的内壁；东壁的南北两侧各竖砌一立柱，外竖石板为壁；北面是通向主

① 参见张其海撰：《山东苍山元嘉元年画像石墓》，《考古》1975年第2期。

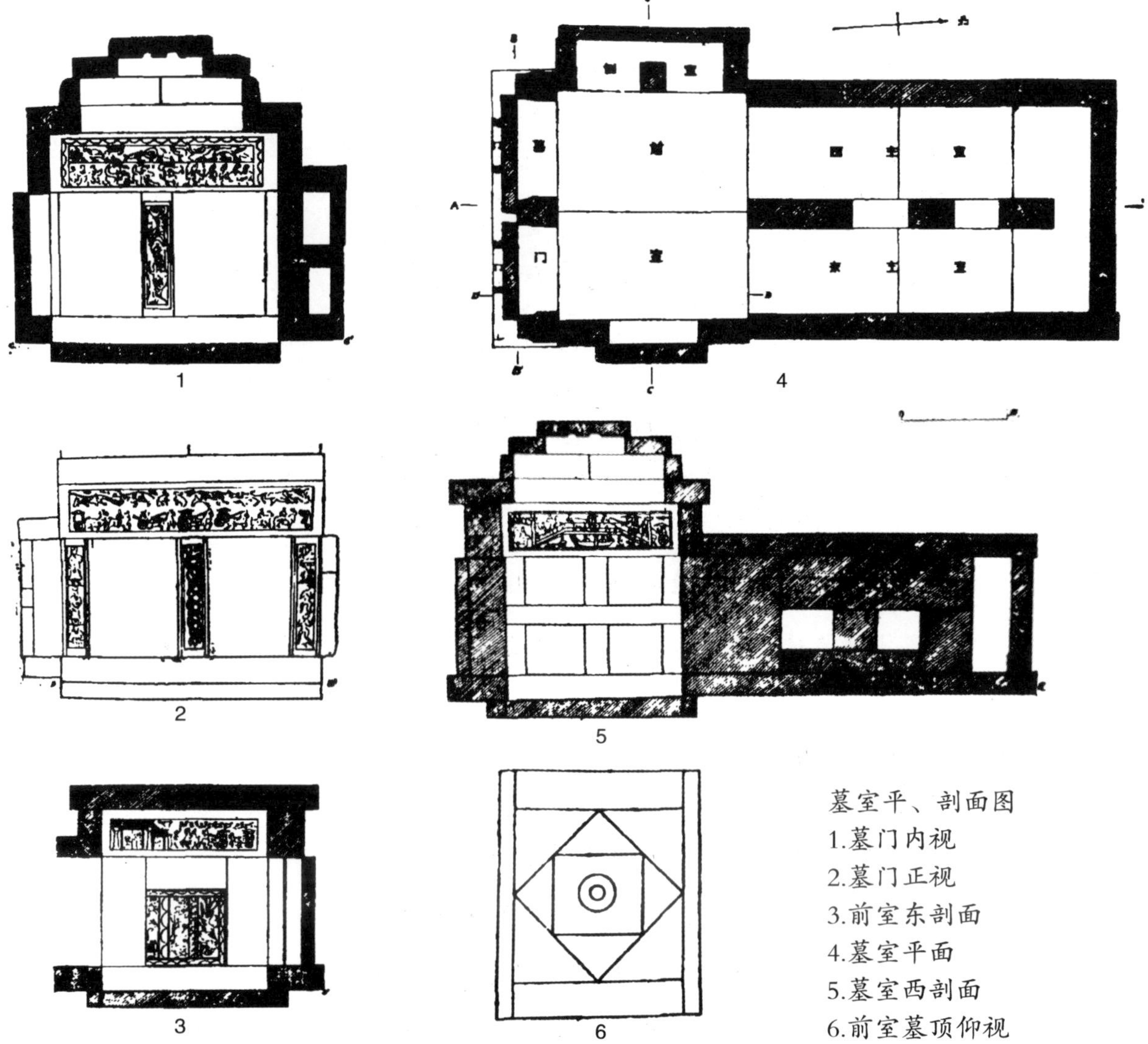

墓室平、剖面图
1.墓门内视
2.墓门正视
3.前室东剖面
4.墓室平面
5.墓室西剖面
6.前室墓顶仰视

图4−9　苍山城前村墓平面图

室的门洞；西壁与侧室相连。

侧室分上下两层，平面呈凹形，每层高46厘米，宽128厘米，深44厘米。瓷器和陶器置于室内。

主室内正中以一界墙相隔，而分成东西二室。二室皆长302厘米，宽184厘米、高110厘米。隔墙中部留有二穿洞，墙后留有过道，室底铺石3块，顶用10块石铺盖成平顶。葬具与骨架均朽，仅在东主室发现数枚铁棺钉。

墓内侧室上层出土题记2方，刻于前室西横额画像石下的支柱上。题记均作长方形，题记一高48厘米，宽22厘米，厚22厘米，题记二高48厘米，宽16厘米，厚44厘米。先在磨平的石面上划分竖界格，然后雕刻。2方题记共计15行，隶书，327字，内容连贯。

图4-10　苍山城前村墓元嘉元年画像石墓前室西壁横额画像石及支柱石原石

第一石题记，10行，文曰：

元嘉元年八月廿四日立郭（椁）毕成以送贵亲魂零（灵）有知柃（怜）哀子

孙治生兴政寿皆万年薄疏郭（椁）中画观后当朱爵（雀）

对游栗（迁）拙（仙）人中行白虎后凤皇中直柱双结龙主守中□

辟邪夹室上硖五子举僮女随后驾鲤鱼前有白虎青龙车后□

被轮雷公君从者推车乎梩冤厨上卫桥尉车马前者功曹后主薄（簿）亭

长骑佐胡便（使）弩下有深水多鱼者从儿刺（刺）舟渡诸母便（使）坐上小车軿驱驰

相随到都亭游徼侯见谢自便后有羊车橡（像）其□上即圣鸟乘浮□

其中画橡（像）蒙亲玉女执尊杯案柈局□稔□好弱貌堂硖外君出游车

马道（导）从骑吏留都督在前后贼曹上有虎龙衔利来百鸟共□

至钱财其硖内有倡家生□相和仳吹庐龙雀除央□（鹤）啄鱼

第二石题记，5行，文曰：

堂三柱中□□龙□非详左有玉女与拙（仙）人右柱□□

请丞卿新妇主待（侍）给水将（浆）堂盖□好中瓜叶□□

色未有盱其当饮食就夫（太）仓饮江海学者高迁宜

印绶治生日进钱万倍长就幽冥则决绝闭旷（圹）之后

不复发

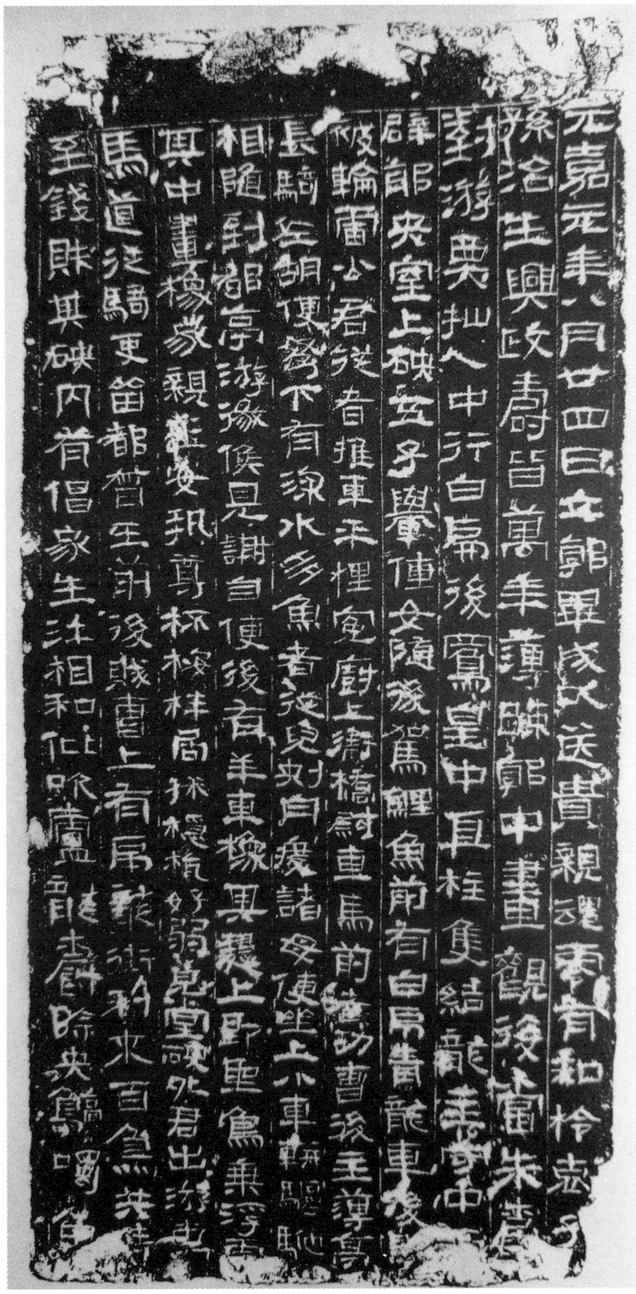

图4-11　苍山城前村墓元嘉元年画像石第一石题记拓片

图4-12　苍山城前村墓元嘉元年画像石第二石题记拓片

墓室内有画像石刻计10石12幅，雕刻车马出行、百戏杂技、乐舞宴饮、神仙祥瑞、辟邪升仙等画像，主要刻置在墓门与前室。雕刻技法为剔地浅浮雕，即先凿平或磨平石面，刻出物像单体的轮廓，起平外缘空间，使其凸起，略带弧面或磨平。物像内用双阴线刻出人物及动物的五官等细节，用密集的阴阳线表现衣纹和羽毛，并以数条平行线分界，界外剔成斜面，使层次清楚。

### （一）墓门楣画像石

该石画面高16厘米，宽222厘米。

上格刻双兔和五龙一虎。

下格刻车骑出行图：车骑向右侧奔驰，前有两导骑，后轺车二辆，车有盖，皆乘二人；轺车后为斧车，车无盖，车厢中竖一大斧，后斜插双戟；后有一骑吏和辎车；车骑行列前刻一人捧盾躬迎。

图4-13　苍山城前村墓元嘉元年画像石墓墓门楣画像石拓片

题记中“堂硖外，君出游，车马道（导）从骑吏留，都督在前，后贼曹，上有虎龙衔利来”应指此幅画像内容。

### （二）前室西壁横额画像石

该石画面高32厘米，宽150厘米。

画面中心为一大桥，桥饰栏杆。三辆轺车接连上桥，车前三骑吏。题记中有“上卫桥，尉车马，前者功曹，后主薄（簿）、亭长”。

图4-14　苍山城前村墓元嘉元年画像石墓前室西壁横额画像石拓片

左上角刻一骑者，深目高鼻，头戴尖顶盔，张弓欲射。题记中有“骑佐胡便（使）弩”。

桥下刻一舟，两人划船，两老妇人乘坐；船前后刻三渔人，或使扒网，或使罩，或徒手捕鱼。题记中有“下有深水，多鱼者，从儿刺（刺）舟，渡诸母，便（使）坐上”。

### （三）前室东壁横额画像石

该石画面高30厘米，宽146厘米。

画面左侧刻有大屋，庑殿顶，柱头斗拱作一斗二升。门扇一闭一开，门上刻有铺首衔环，环系绥带。门内刻二人，左拄杖，右执扇。房旁一人捧盾恭迎车骑。车骑由一导骑及两小车组成。车帷上有小窗，可见男乘者头部。前车驾一马，后车驾羊。车骑头顶上刻九鸟飞翔浮云间。题记中“小车軿驱驰，相随到都亭，游徼侯见，谢自便。后有羊车。橡（像）其□上即圣鸟乘浮□”应指此幅。

图4-15　苍山城前村墓元嘉元年画像石墓前室东壁横额画像石拓片

### （四）前室东壁画像石

该石画面高94厘米，宽74厘米。三边饰水滴纹或连弧纹。格间饰以梳纹及连弧纹。画分三格：

上格刻龙凤图。

中格刻进馔图，一老妇坐榻上，前置几案。两侧刻侍仆四人，跪进酒馔。左侧一厨师，执环刀，前置一案。上方置一酒樽。题记中“其中画橡（像）蒙亲，玉女执尊，杯案柈局……”可能指此格画像。

下格刻辎车一辆，盖沿垂幛，前后各有骑吏导从。

图4-16　苍山城前村墓元嘉元年画像石墓前室东壁画像石拓片

## （五）前室南横额（楣石背面）画像石

该石画面高50厘米，宽242厘米，边饰连弧纹，分上下两格。

上格左侧刻两龙一虎；中部刻兽身鸟首异兽，昂首，嘴吐一圆物，做伸颈吐气之态。右侧刻双鹤啄鱼。题记有"□（鹤）啄鱼"。

下格刻舞乐杂技图：左侧三人席地跽坐，演奏排箫、笙、埙等乐器；右侧刻四女伎，前一人双手执短俘，前置一鼓，余者拱手胸前；中部刻舞伎与耍杂技者各二人。舞者长袖飘拂，翩然起舞；杂技表演者二，穿紧身衣，一做衔壶倒立状，一耍飞丸。题记中“其硖内：有倡家生□，相和仳吹，庐龙雀，除央□（鹤）啄鱼”指此幅内容。

图4-17　前室南横额画像石拓片

## （六）墓门中立柱刻四结龙

该石画面高100厘米，宽20厘米。

图4-18　墓门中立柱刻四结龙拓片

## （七）墓门右立柱刻画两格

该石画面高100厘米，宽18厘米。

上格刻西王母端坐在云气缭绕的座上，手执羽状物，座下两侧有猕猴和狐狸。

下格刻二人上山叠垒，奔走在崎岖的山峦上。

## （八）墓门左立柱刻画三格

该石画面高96厘米，宽16厘米。

上中两格各刻拱手侧立门吏，腰间束带；下格刻坐着的侍女。

以上三幅与题记对照，应为“堂三柱，中□□龙□非详。左有玉女与扗（仙）人。右柱□□。请丞卿新妇，主待（侍）给水将（浆）”。

图4-19　墓门右立柱刻画两格拓片

图4-20　墓门左立柱刻画三格拓片

### （九）前室北中立柱刻双结龙

该石画面高86厘米，宽21厘米。

题记中“中直柱，双结龙，主守中□辟邪”指此幅。

## （十）前室南壁中柱刻一斑纹猛虎

该石画面高96厘米，宽24厘米。题记称“中行白虎”。

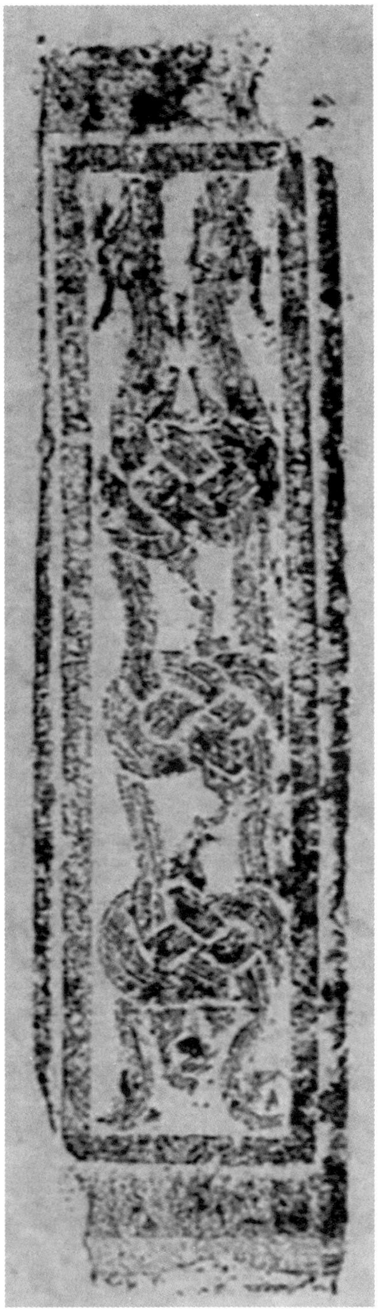

图4-21　前室北中立柱刻双结龙拓片

图4-22　前室南壁中柱刻一斑纹猛虎拓片

## （十一）西主室顶上刻一幅虎龙相搏图

该石画面高84厘米，宽34厘米。边饰连弧纹。

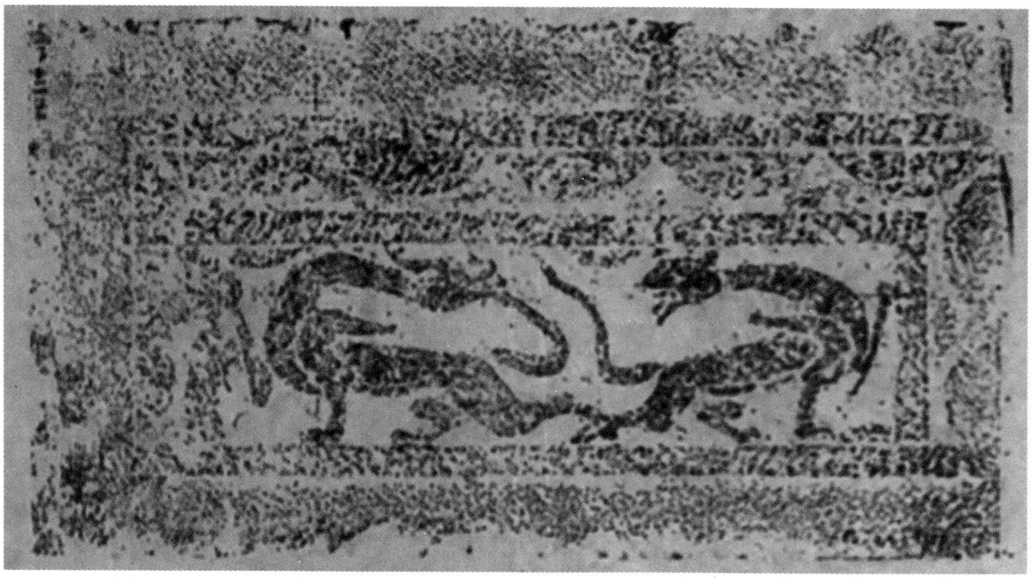

图4-23　西主室顶上刻虎龙相搏图拓片

## （十二）主室后壁画像石

该石画面高87厘米，宽105厘米，已残缺。

图4-24　主室后壁画像石原石

图4-25　主室后壁画像石拓片

上格左侧刻白虎、朱雀、玄武图像。朱雀刻双数。玄武不作蛇缠龟，而呈拱形的双头龙。

下格刻穿璧纹。

边饰连弧纹，格间饰一带形连续菱形图案。

## 七、泗水星村南陈村汉安元年画像石墓前室后门楣题记

1984年山东泗水县星村镇南陈村发现汉画像石墓一座。该墓为纯石结构，由前室、中室和左右耳室、后室组成，全长617厘米，最宽处516厘米。墓内共有画像石12块，画像石为东汉顺帝汉安元年（142）刻，现藏泗水县文物管理所。图像刻于四合八扇门扉和面向中室的门楣上，皆凿纹地凹面线刻和凿纹地平面线刻。题记刻在墓中室过梁上，隶书3行，曰：

汉安元年泰岁在午使师弟伯于□

作寿石堂室人马虎大鱼皆食大

仓长生久寿不复老

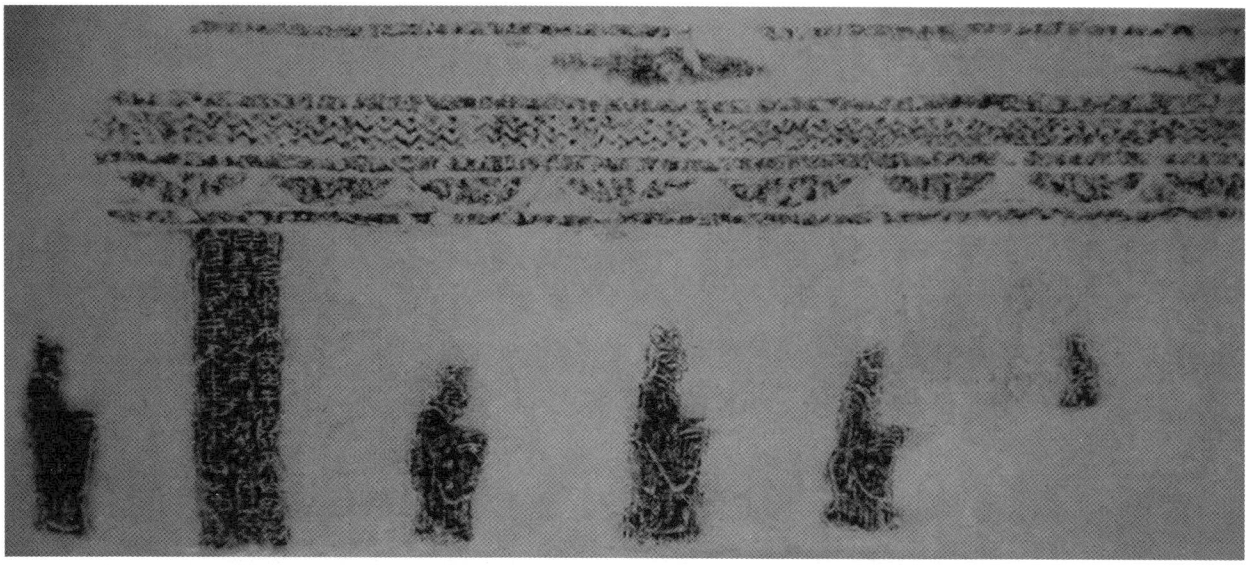

图4-26　泗水星村南陈村汉安元年墓前室后门楣画像石

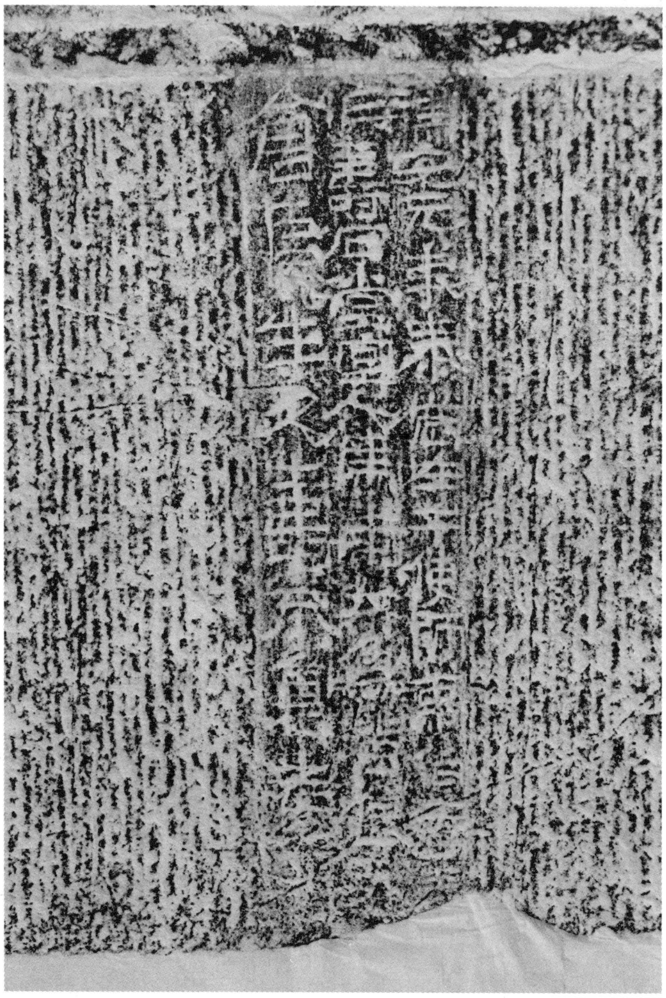

图4-27　泗水星村南陈村汉安元年墓中室画像石题记

## 八、曲阜徐家村延熹元年藏堂画像石题记

该石刻于东汉桓帝延熹元年（158）。1968年出土于山东曲阜防山公社徐家村北汉画像石墓中，后运置孔庙西庑，今藏曲阜孔庙神庖四合院内。

《山东汉画像石选集》录四根石柱。其中一石有题记，其他三柱刻图像，图像雕刻技法为剔地浅浮雕。

题记石（石柱一）高105厘米，宽22厘米。上端残损。刻隶书题记4行，共69字，残4字，存65字。文曰：

图4-28　石柱一拓片

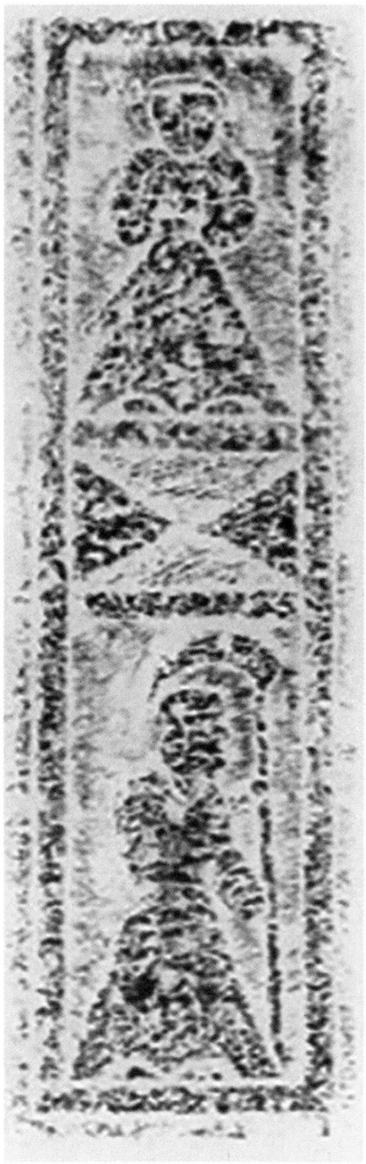

图4-29　石柱二拓片

图4-30　石柱三拓片

图4-31　石柱四拓片

延熹元年十月三日始作此藏堂□为□相皆处

□□丞使工五万又食九万共直钱□□万即

十月廿日成此田买奴以十一月七日葬妇此藏中

车马延人龙蛇马牛皆食大仓

石柱二石面高103.5厘米，宽35厘米，画面两层，上一人拱手立，下一人拥彗。

石柱三石面高100厘米，宽23.5厘米，画面两层，刻二人。

石柱四石面高104.5厘米，宽31.5厘米，刻一翼龙。

## 九、兖州“老子”“孙武”“大王”石椁画像石题记

“老子”“孙武”石椁画像。兖州农技校出土，现藏济宁市兖州区博物馆。拓片高81厘米，宽221厘米。此图为线刻，物象内施麻点，画面三格：左格，老子立于中央，旁刻“老子”二字，其前二人物拜见，身后一人执笏，空隙处刻一蟾蜍及云纹；中格，垂帐下左端人物拜见，一旁立侍者，右端为二人对饮，壶杯置中间，下为二人游戏；右格左侧为孙武，旁题“孙武”二字，面前三人物，其中一人躬身戏蟾蜍，二人立观。上有一狗、一凤鸟，云纹施于空间处。

“大王”石椁画像。兖州农技校出土，现藏济宁市兖州区博物馆。拓片高81厘米，宽221厘米。此图为线刻，物象内施麻点，画面分三格：左格，分二层，上层有五人，下层一人，双手持套杆驯虎；中格为十字穿环纹；右格为泗河捞鼎图。右格画面分两部分，下部六人，左右各三人，双手持绳索升鼎，鼎中伸出一龙，张口欲咬断绳索，右侧一龙正向鼎奔来；上部亦六人，皆跽坐，似为观鼎，其中一人右上阴刻榜题曰“大王”。“大王”可能是指秦始皇。

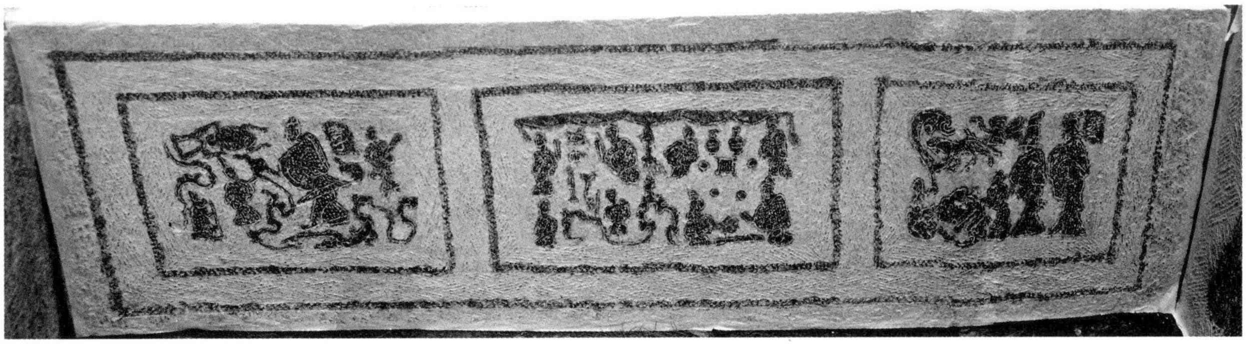

图4-32　兖州“老子”“孙武”石椁画像石拓片

图4-33　兖州“大王”石椁画像石拓片

图4-34　兖州“老子”“孙武”石椁画像石原石

图4-35　兖州“大王”石椁画像石原石

## 一〇、嘉祥旷山汉画像石墓题记

嘉祥旷山汉画像石墓位于嘉祥县疃里镇旷山村东北，2014年6月至10月发掘出土。题记石收藏于嘉祥武氏墓群石刻博物馆。旷山汉墓坐西朝东。整座墓葬由封土、墓道、墓门、前室、南耳室两间、北耳室两间、后室、回廊、侧室等部分组成。在墓门南侧立石上，中间刻一执盾人物，人物左上方刻“大吉”题记，四周有水波等装饰纹带。前室东南石东面，高126.5厘米，宽83.5厘米，厚18.5厘米，南北并列7格，有平行阴线纹，水波纹、菱形纹、连弧纹，上刻执盾门吏，面向东；下刻一人拥彗门吏面向北，人物画面占总画面三分之一。执盾门吏稍大于拥彗门吏，头戴武官帽，着长袍，持盾肃穆而立。右上部几何纹饰内阴线刻有“大吉”2字。

西侧室位于西部回廊偏北处，宽130厘米，高151厘米，进深113厘米。其东壁南半部开有一门洞，高151厘米，宽40厘米，通回廊。侧室地面与回廊同高。其南壁、西壁及

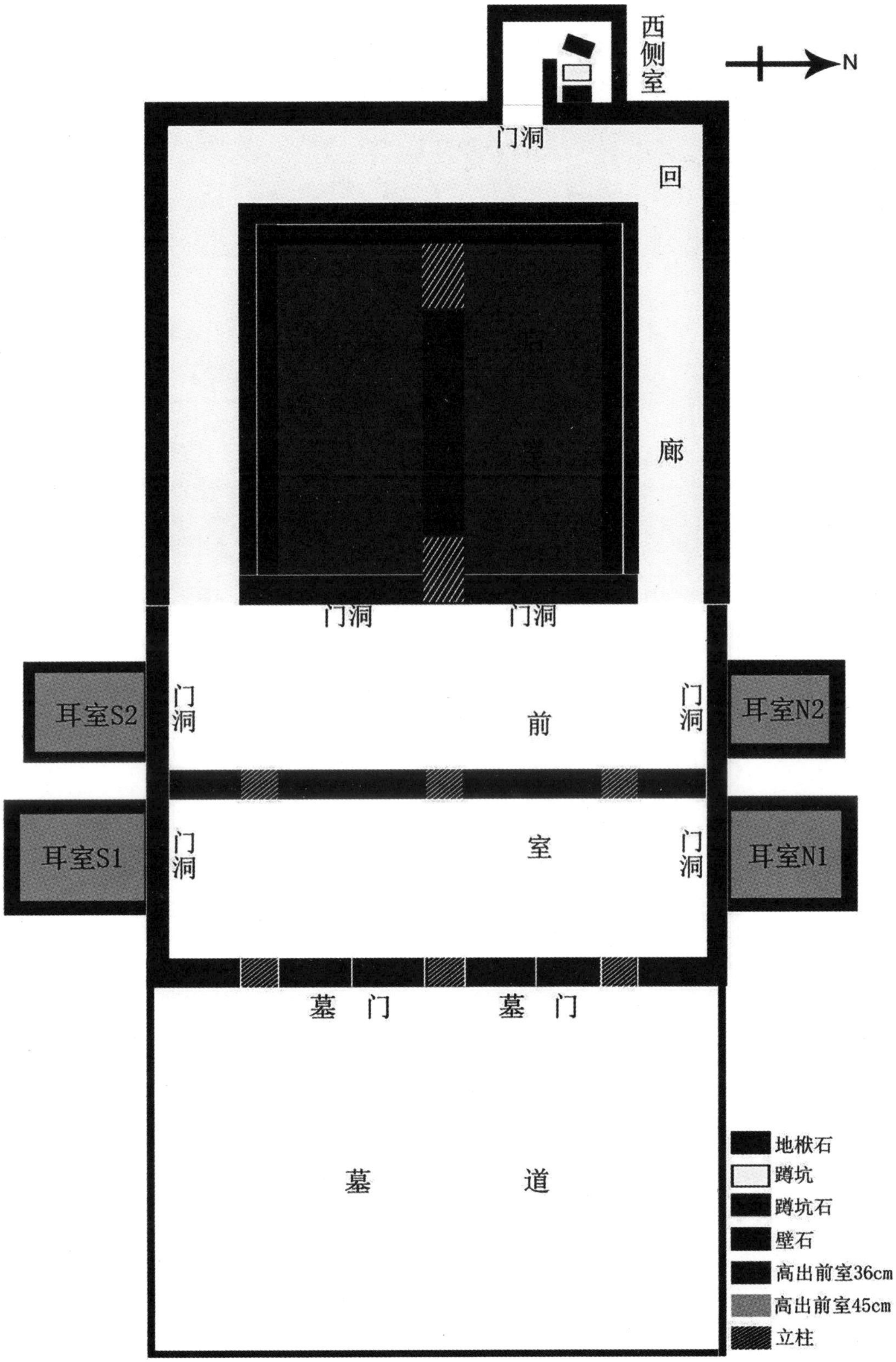


图4-36　嘉祥旷山汉画像石墓平面示意图

北壁皆由上下两块石板筑成，东壁则是西部回廊西壁的一段。顶石为一大石板，顶高低于回廊。室内设有两块蹲坑石，其间有一方形蹲坑，坑底为黑色土。蹲坑后立一东西向石板，其东端与东壁相接，石板高151厘米，宽45厘米，厚15厘米，应为影壁石。北壁的上石刻有车马出行图、会见及拜谒图；下石有“君更衣”题记。西壁的下石刻有“□更衣”3字。

后室东南门柱北面，以三角阴线纹为底子，中间刻一“迁”字。

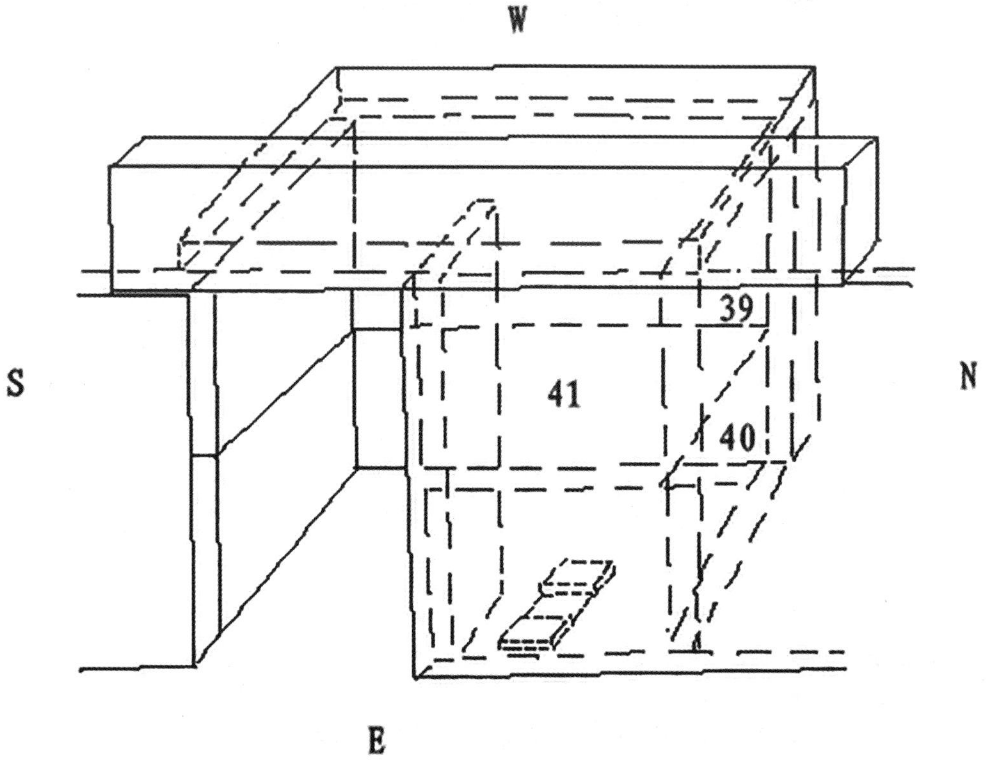


图4-37　嘉祥旷山汉画像石墓西侧室立体示意图

图4-38　嘉祥旷山汉画像石墓西侧室北壁车马出行图拓片

图4-39　嘉祥旷山汉画像石墓西侧室北壁题记拓片

图4-40　嘉祥旷山汉画像石墓后室东南门柱

图4-41　嘉祥旷山汉画像石墓前室东南石东面拓片

## 一一、沂南北寨汉画像石墓题记

该墓约营造于东汉末年，距今已有1700多年。俗称将军冢，位于山东省临沂市沂南县北寨村，是目前全国现存规模最大、保存最完整的大型汉画像石墓，原地设立沂南北寨汉墓博物馆。1953年被发现，1954年春，华东文物管理委员会在沂南县人民政府的协助下，对该墓进行发掘，完成了清理、丈量、摹像、摄影等工作。1977年被定为省级重点文物保护单位，2001年被定为国家级重点文物保护单位。墓南北长870厘米，东西宽755厘米。分前、中、后三个主室，均在一中轴线上；东西两面各有三个侧室，共六室。该墓由280块石材砌成，其中画像石42块，画像72幅，总面积442.27平方米。画像内容有攻战、祭祀、出行、宴享、乐舞百战、历史故事、神话人物、奇禽异兽等，内容广泛。榜题12处，共28字，分别为：晋灵公、敖也、苍颉、齐桓公、卫姬、御者、齐侍郎、苏武、管叔、令（蔺）相如、孟犇、铁顿。

图4-42　沂南北寨汉画像石墓中室南壁东段画像石线图

图4–43　沂南北寨汉画像石墓中室南壁西段画像石线图

图4-44　沂南北寨汉画像石墓中室南壁西段画像石线图

图4–45　沂南北寨汉画像石墓中室北壁东段画像石线图

图4-46　沂南北寨汉画像石墓中室南壁东段画像石拓片

图4-47　沂南北寨汉画像石墓中室南壁西段画像石拓片

图4-48　沂南北寨汉画像石墓中室南壁西段画像石拓片

图4-49　沂南北寨汉画像石墓中室北壁东段画像石拓片

## 一二、邹城面粉厂孔子弟子狩猎画像石题记

该石为东汉中期作品，邹城孟庙收藏。纵45厘米，横245厘米。画面为凹入平面线雕。画面分上、下两层。

上层刻24位孔子弟子，皆立像，戴进贤冠，着宽袖长袍，人物造型或正面、侧面、拱手、躬身，或交谈，或倾听，人物的体态也有肥胖、瘦弱之分。每个人物的左上角有长方形题记姓名，多数漫漶不清，经辨释，计有：县成、□梁、琴牢、栀枢、叔仲、庚苞、颜侨、公孙□、百□、任不、□父、□□、□□、□雕、□□、□□、商瞿、孔（忠）、乙悠、□□、□□、公冶长、颜幸、上书□。

下层，左起刻一猛虎，做扬尾、舞爪、奔腾状。再右为射猎图，一人双手执矛，已刺穿一鹿咽喉；另一人张弓搭箭，欲射猎物。再右刻羊、鸡、猪等，再右一人手持一鸟，腰系背篓，后一人侧身端坐，右刻一蹲坐的狗、鸡。右侧有一腾飞的巨龙，上有驭龙的羽人。

图4-50　邹城面粉厂孔子弟子狩猎画像石原石

图4-51　邹城面粉厂孔子弟子狩猎画像石拓片

图4-52　孔子弟子题记拓片局部一："琴牢""栢枢"

图4-53　孔子弟子题记拓片局部二："庚苞""颜侨"

图4-54　孔子弟子题记拓片局部三："□□""□□""□雕"

图4-55　孔子弟子题记拓片局部四："百□""任不""□父"

图4-56　孔子弟子题记拓片局部五："□□""商瞿""孔（忠）"

图4-57　孔子弟子题记拓片局部六："乙悠""□□""□□"

图4-58　孔子弟子题记拓片局部七："公冶长""颜幸""上书□"

## 一三、嘉祥齐山画像石题记

该石出土于嘉祥县西南齐山村，由嘉祥武氏墓群石刻博物馆保存。画像内容为孔子适周问礼图，老子、孔子、颜回、子路、子张画像上部皆榜题。题记共计12字：

老子也

孔子也

颜回

子路

子张

图4-59　嘉祥齐山画像石原石

图4-60　嘉祥齐山画像石拓片

## 一四、嘉祥君车出行画像石题记

该石出土于嘉祥县纸坊镇，现藏于济宁市任城区汉文化博物馆。拓片长219厘米，宽46厘米。图像雕刻技法为平面浅浮雕，画像内容为车马出行图，榜题1处。画面中车马左向出行，左起为三辆马车，车上各坐二人；后随并行骑吏二人，持幡；后有车前伍佰二人，手持一物，奔于君车之前；君车上坐二人，榜题位于马身上方，隶书，3字，文曰："此太守"；后有二骑吏，手持棨戟随行。画像边框上方饰以五铢钱纹，下饰以绳纹。

图4-61　嘉祥君车出行画像石拓片

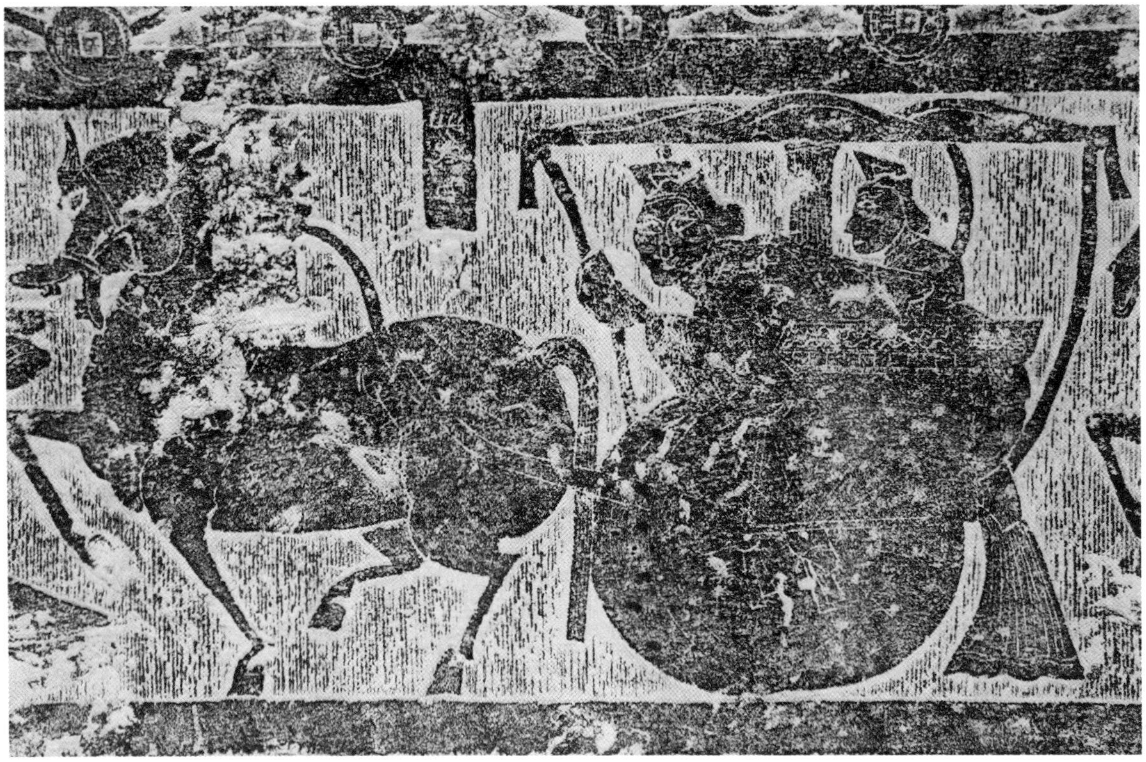

图4-62　“此太守”画像石拓片

图4-63　“此太守”题记拓片

## 一五、嘉祥纸坊画像石题记

该石1983年出土于嘉祥县纸坊镇敬老院，共23块画像石，其中4石有题记。第一石刻孔子见老子图，题“孔子”“老子”4字。

图4-64　嘉祥纸坊画像石孔子见老子原石

第二石刻周公辅成王图，题“成王”“周公”“召公”6字。

第三石题“吴王”“太子”4字。

第四石题“楚王”2字。

图4-65　嘉祥纸坊画像石第二石原石

图4-66　嘉祥纸坊画像石第三石原石

## 一六、微山两城“西王母”汉画像石题记

微山县两城乡画像，现藏微山县文物管理所。图中西王母形体高大，肩生祥云，头戴太华冠，端坐于山字形宝座上，其左肩部附近题“西王母”3字。西王母两侧胁侍两个

图4－67　微山两城“西王母”汉画像石拓片

象征阴阳和谐的男女神人，手持便面，人身蛇躯而交尾。神人尾部极长，相互盘结托举西王母宝座。在两条尾端各自连接一鸟，另外在西王母头顶还卧有一鸟。

## 一七、济南长清区大街村画像石题记

2005年，南水北调工程济平干渠的施工人员在工程施工中发现一处重要的汉画像石墓。经南水北调工程考古队发掘清理，这座位于长清区孝里镇大街村西北的东汉晚期墓葬东西长约1000厘米，南北宽约300厘米，有前后六个石墓室。墓葬坐北朝南，由墓道、前室、中室、后室和左右耳室、侧室组成。汉画像石墓采用的是线刻与浅浮雕相结合的方法，这是典型的汉代画像石墓工艺。题记石藏于山东博物馆。

墓葬前室东壁由门槛、立柱和门楣构成。门楣画面高42厘米，宽190厘米，刻有孔子见老子画像。南壁也由立柱和门楣构成。门楣画面高42厘米，宽170厘米，也刻有孔子见老子画像。南壁立柱之间为墓门的背面，在石门之上饰穿璧纹。整体画面高124厘米，宽108厘米。西壁由门槛、立柱和门额构成。门额画面高40厘米，宽190厘米，厚62厘米，刻有纹饰图案。北壁由立柱、门槛和门额组成。西立柱刻有反映现实生活的画面，第一组为一楼阁，其下放置一双辕车；第二组为农妇饲养家禽的画面；第三组为一长者手持一物，另一人跪于地上。东立柱上刻鱼的画面，下为猫头鹰图像。

中室四壁均由立柱和门额构成。北壁由立柱、门槛和门额组成。东立柱正面刻有纹饰图案，西面为官吏。中立柱上面刻有朱雀，下面刻文吏；东面上部刻有交织在一起的蟠龙，下面刻有官吏；西面上有白虎，中间和下面为官吏。西立柱南面为素面，东面四周刻出方框纹和半圆弧纹，中间为素面；西面为素面。西北角立柱上部为凤和鱼，为北壁门额的组成部分，下部为半圆弧纹。北壁门额正面画面用界格分开，中心为翼马、人

图4-68　济南长清区大街村画像石前室北壁门额拓片

图4-69　济南长清区大街村画像石墓

图4-70　济南长清区大街村画像石墓

物、鸟、青龙、凤凰、猴等，左侧为凤和鱼，右侧为树、飞鸟和人物。

刻有题记的是前室北壁门额，画面右边二龙相交，左边二白虎对峙，虎后一人抓虎尾；中间下为玄武，上为二朱雀相对展翅欲飞。画面空隙刻有羽人、熊和其他瑞兽，最上方饰一条变形云纹条带；画面最下方中间处竖刻“左交（蛟）龙右白虎”。

## 一八、济南天桥区黄台山画像石墓题记

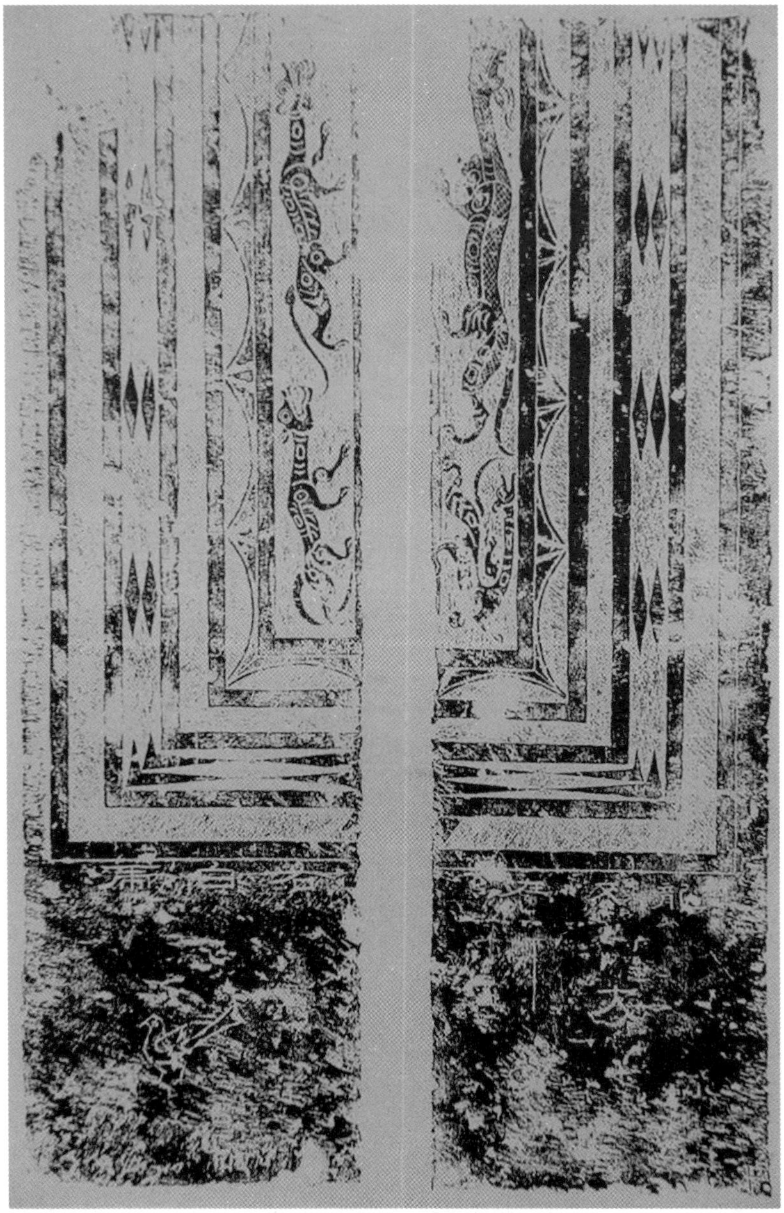

图4-71　济南天桥区黄台山画像石拓片

该石于1974年3月在黄台山南麓出土。黄台山，现位于济南天桥区北园黄台社区魏家庄北。黄台山东汉画像石现存十余石中，以“左交（蛟）龙”“右白虎”二石保存最好。此二石高115厘米，宽33厘米，高60厘米，宽8厘米的面积内分别刻有蛟龙二尾、白虎两只。周边饰以平行条带纹、菱纹、连弧纹、垂幛纹等花纹图案。雕刻技法为减地平面线刻。二石分别阴刻隶书“左交（蛟）龙”“右白虎”，字高约3厘米，总宽约6厘米。隶书“左交（蛟）龙”下方阴刻隶书“大”字，字径约6厘米。隶书“右白虎”下方阴刻一鸡形图案。隶书“大”字与鸡形图案，当释作“大鸡（吉）”。

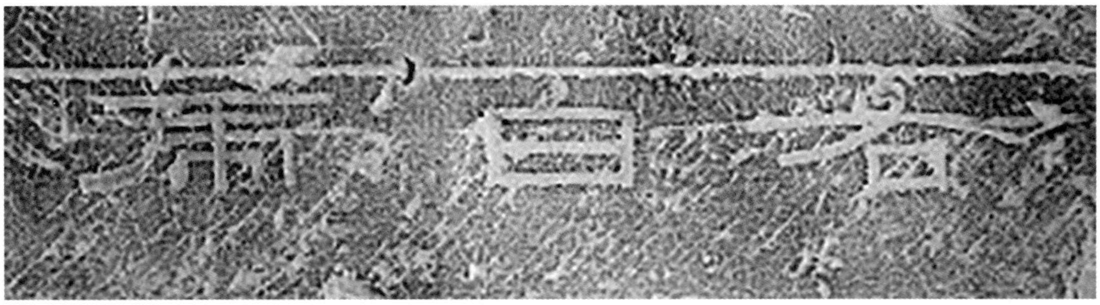

图4-72 济南天桥区黄台山画像石“右白虎”题记拓片

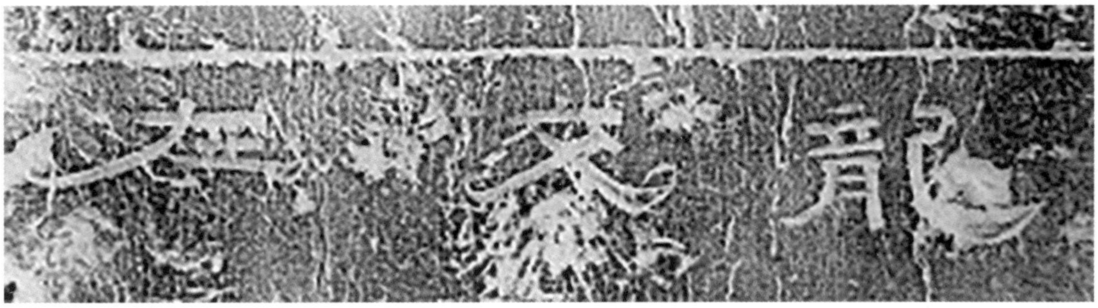

图4-73 济南天桥区黄台山画像石“左交（蛟）龙”题记拓片

山东黄台汉画像石中，一残石有线刻“刘燕等”“宫□□晨等”2处题记。此石与刻有楼阁、人物的另一残石，当为一石。

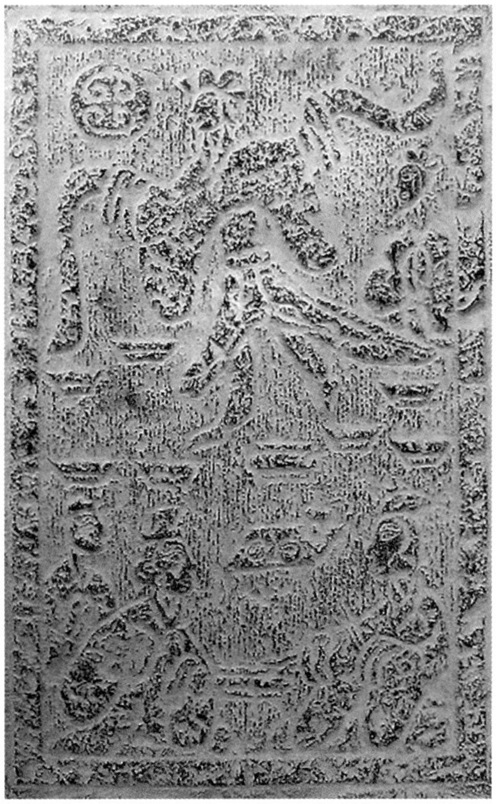

图4-74 济南天桥区黄台山画像石题记拓片

## 一九、嘉祥旷山“孔子适周问礼图”画像石题记①

1998年，山东省嘉祥县疃里镇旷山村东北旷山脚下发现一座汉画像石墓，墓内一块从中室通向后室的过梁石，被当地群众移出墓外，现为民间收藏。石高57厘米，宽268厘米，厚30厘米。画面主要内容是孔子适周问礼，画面分三层，雕刻技法为凹面阴线刻。上层和下层为垂幛、菱形、圆弧、斜线等几何纹饰，中间人物为孔子问礼老子的历史故事。画面披头散发拄一拐杖老者为老子，身后有头戴进贤冠双手捧简随从5人。孔子双手捧雁躬身面向老子，身后有齐相晏子和子路等孔门诸弟子26人。孔子和老子之间有一披发手推单轮车儿童，抬头面向孔子，右上题记为“大巷党”。晏子和子路左上方分别有“齐相晏子”和“子路”榜题。

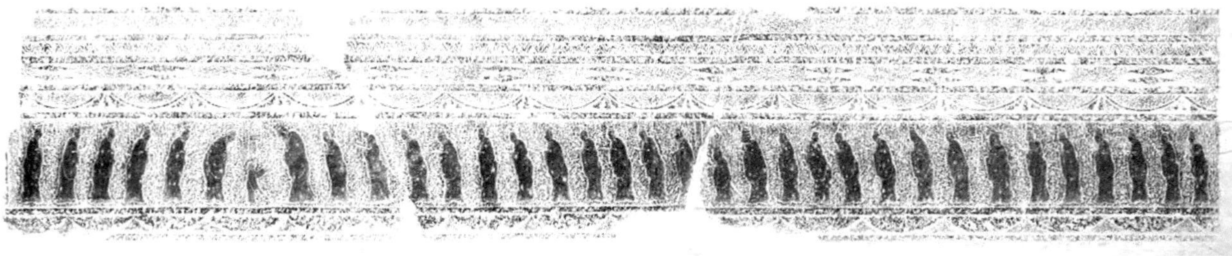

图4-75 嘉祥旷山“孔子适周问礼图”画像石拓片

图4-76 嘉祥旷山“孔子适周问礼图”画像石“子路”拓片

图4-77 嘉祥旷山“孔子适周问礼图”画像石“齐相晏子”拓片

① 参见谢华英、傅吉峰撰：《浅淡嘉祥县出土孔子、老子、晏子同在的汉画像石》，《大汉雄风——中国汉画学会第十一届年会论文集》，高等教育出版社2008年版，第64-70页。

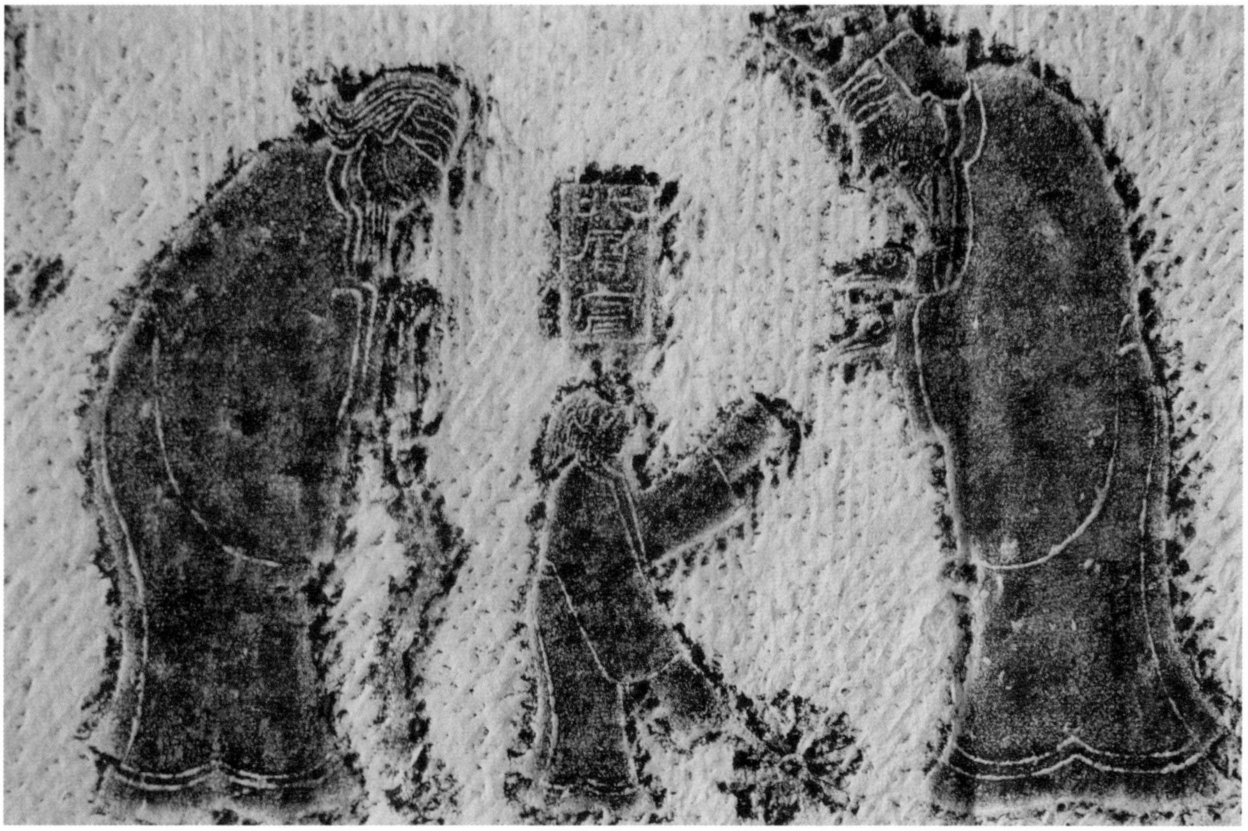

图4-78　嘉祥旷山“孔子适周问礼图”画像石“大巷党”拓片

## 二〇、微山县两城乡“胡将军”画像石

该石出土于微山县北部两城乡附近，现藏微山县文物管理所。残石高42厘米，宽80厘米。画面分两层，上层刻犬逐奔鹿，下层刻胡汉交战。从残存画面可观察到，下层图中左边为头戴平巾帻汉兵，有骑马者，有徒步者，或操弯弓，或持刀交战；右边为头戴尖顶帽的胡兵，帽顶略微向前弯曲，有的手挺长戟，有的操弓迎战。胡兵后面还有一个骑高头大马戴尖顶帽的胡将，生得身躯雄壮，高鼻深目，其头部旁边题刻有“胡将军”3字。

图4-79　微山县两城乡“胡将军”画像石拓片

## 二一、枣庄市桑村镇西户口村画像石题记

该石出土于枣庄市桑村镇西户口村。画面分为五层，最上层表现西王母。西王母形体巨大，居于画面中央，凭几端坐，几案左右各放置两个筹壶，里面盛满诏筹。西王母头部右侧题有“田（西）王母”3字。几案左右两侧，分别站立侍者和人身蛇尾仙人，手中持有便面、令筹和玉版。

图4-80 枣庄市桑村镇西户口村画像石拓片

## 二二、汶上孔子见老子画像石题记

该画像石出土于汶上县，雕刻技法为凹面线刻，时代为东汉中期。画面分两层。上层刻人物九人，左侧五人皆面右而立，四人执笏，中间一人执便面；右侧四人，左一人正面站立，戴冠儒服，双手抬起，与左侧一人做对话交流状，头顶有榜题，文曰：“比干”。其后三人，左一人正面站立，披发长髯，双手执简册，头顶有榜题，文字漫漶不清；右二人，戴冠，面左执笏而立，后有榜题，文字漫漶不清。下层残存九人，为

“孔子适周问礼图”。左侧首位，孔子躬身面右，双手抱大雁，头右侧题记，文曰“孔子”；其后弟子六人，皆躬身执笏面向右方。右侧二人，前一人为项橐，孩童状，双手抬起，面向孔子；右一人戴冠着儒服，长袖内左手执弯曲拐杖，头右侧有榜题，文曰“老子”。

图4-81　汶上孔子见老子画像石拓片

## 二三、曲阜东安汉里石椁画像石题记

东安汉里画像石，又称“东安汉里画像”“安汉里禺石画像”，为新莽至东汉初年石椁墓画像石。1937年于曲阜城东韩家铺村附近汉墓出土，现存曲阜孔庙大成殿西庑。共出土画像石7块，可组合复原成一个石椁。据考，石椁全长281厘米，宽252厘米，椁内中间一隔板分椁为二室，各室内长226厘米，宽90厘米。椁内四壁、隔板、盖板以及南北壁板外侧均有画像。画像采用阴线刻技法，物象轮廓线内往往加饰錾凿的麻点或鳞纹；轮廓线外的地（余白）为铲光的平面，使画像有更加明显、突出的效果。画面刻乐舞宴饮、六博、青龙、白虎、朱雀、玄武、神荼、郁垒以及侍者、异兽、飞禽、蟾蜍、玉兔等，并有重菱纹边饰。隔板上有篆书题记1行，10字。[①]

第一石，横长方形，高84厘米，宽232厘米，厚27厘米。此石正面、背面皆刻有画像，上侧面题字。

第一石正面，画面四周有整齐的花纹边饰，由外而里为重菱纹、素面、錾点纹三重组成。画面中间刻一建鼓，上饰羽葆飘带，两侧二人相对舞击。右边有一人长袖起舞，两人坐地吹乐。左边二人相对跽坐，中间放有方席、博盘，二人正在玩六博戏。

第一石背面，画面边饰同正面，画面刻六人乐舞宴饮，皆为妇女形象。中间二人，一人起舞，一人做击拍状，中间地上置一樽。左边二人右向坐，二人中间上方有一樽，内有勺。右边二人做攀谈状，左上方一物似盘。第一石上侧面，纵向1行刻篆书10字，首字“山”字形为双勾，其余9字为单线阴刻，文曰：

山鲁市东安汉里禺石也

图4-82　东安汉里石椁画像石原石

① 参见车吉心主编：《齐鲁文化大辞典》，山东教育出版社1989年版，第695页。

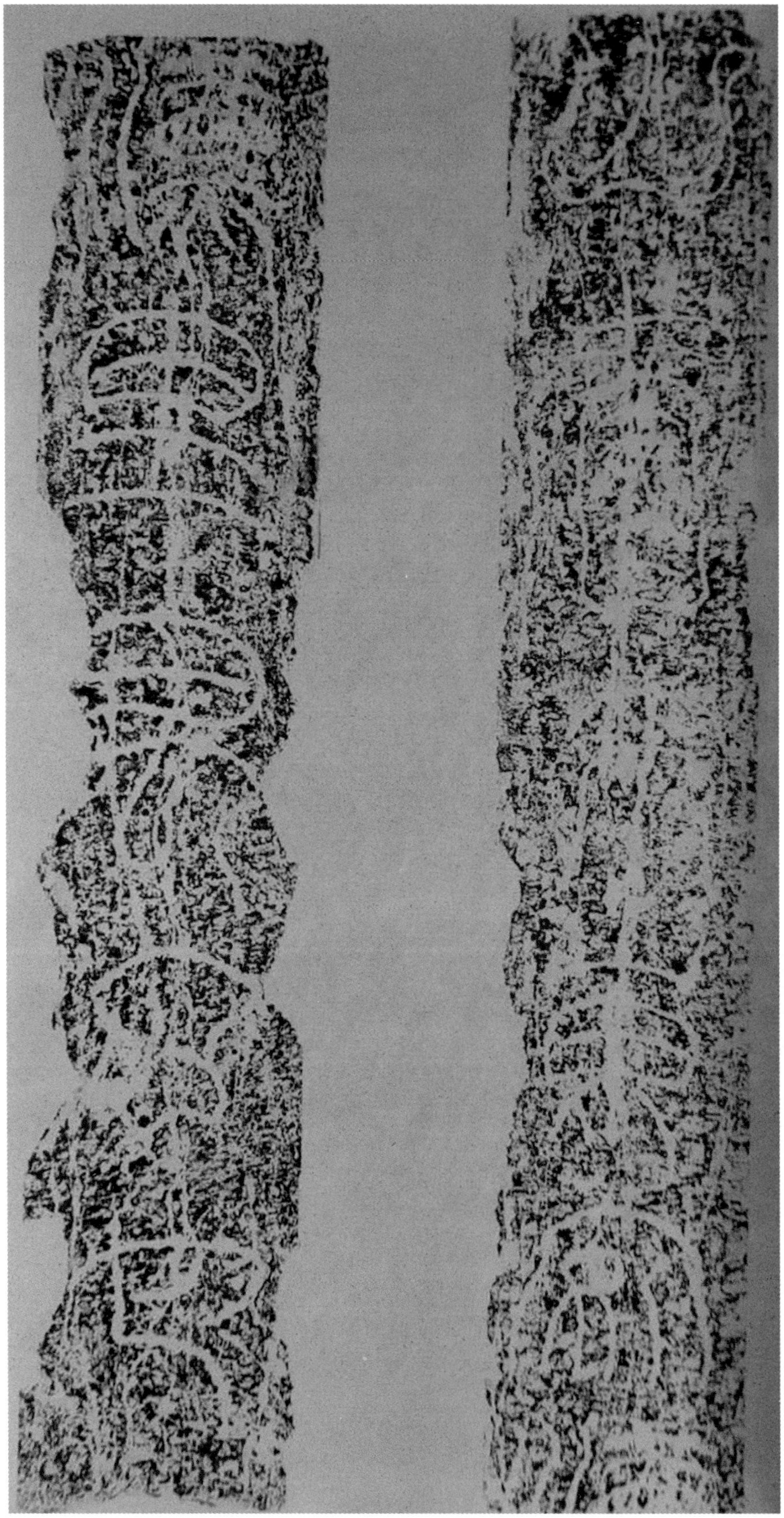

图4-83　东安汉里石椁画像石题记“山鲁市东安汉里禺石也”拓片

第二石，横长方形，高84厘米，宽276厘米，厚20厘米。有画像的一面两端刻有凹槽。画面边饰同第一石。画面刻饰穿璧纹，中间一只大虎左向行走，身上刻条状斑纹。虎前后的穿璧纹间，有熊、鸟、犬、兔等兽。

第三石，形制、大小与第二石相同。画面边饰同第一石。画面刻饰穿璧纹，间有云纹。中间有一条大龙，向右行，四爪伸出。龙周围穿璧纹间，有蟾蜍、熊、鸟、兔等，左下方有一仙人手抓龙尾。

第四石，长方形，高277厘米，宽134厘米，厚17厘米。画面边饰同第一石。画面刻饰穿璧纹，中间刻一爬行状的大壁虎形兽，身饰鳞纹，左向；壁虎形兽尾后下面一兽似猿。

第五石，长方形，高277厘米，宽118厘米，厚17厘米。画面边饰同第一石。画面刻饰穿璧纹，中间有一长尾龙形兽，左向；龙形兽下有虎、猿等兽。

第六石，横长方形，高84厘米，宽212厘米，厚22厘米至23厘米。此石正面、背面皆刻有画像。正面画像中间，有一道宽27.6厘米凹槽，分画面为两段。此石正面，由和第一石相同的花纹边饰组成左、右两个方框，内各刻一朱雀，两朱雀展翅相对而立。此石背面，无花纹边饰，刻二神人相对，瞠目张口，凶猛有力。右者一手执刀，一手执树枝状物；左者一手执刀，一手前伸。

第七石，横长方形，形制大小同第六石，也有正、背两面画像。此石从正面凹槽处已断为两块。此石正面，由和第一石相同的花纹边饰组成左、右两个方框，内各刻一玄武，两玄武昂头相对。左边玄武上立一仙人，手拿三支果。此石背面，无花纹边饰，刻二人，右边者左向侍立，长裙拖地，手执腰上系带；左边者右向跪，双手执物拱于胸前。

## 二四、诸城凉台孙琮画像石墓题记

该石刻于东汉晚期，1968年出土于山东省诸城前凉台乡，现藏于诸城市博物馆。该墓出土的髡刑画像石，为汉代考古之仅见。画像中刑徒两侧站着四个佩长弓者。刑徒有跪，有坐，有伏者，有遭受毒打者，有等待割发者，有已成髡顶者，也有正在受割发者。髡刑是汉代一种割去头发的刑罚。石残高110厘米，宽75厘米，在宴客画像石右上角刻有题记：

汉故汉阳大守青州北海高密都卿（乡）安持里孙琮字威石之郭

图4-84　诸城凉台孙琮画像石墓画像线图

图4-85　诸城凉台孙琮画像石墓画像石拓片

## 二五、汉任城王墓黄肠石题记

该石刻于东汉初期。汉任城王墓位于山东济宁市任城区李营街道肖王庄村附近。1992年发掘，后设立汉任城王墓管理所。墓室内题凑石墙上刻题字，可见者782处，约4000字，皆为地名、人名。石的四面有几何图案，主要有六种图样。南壁甬道以西南墙石上有阴线刻鱼图和“蕃张尉”鱼图组合。

图4-86　汉任城王墓“蕃张尉”尺鱼图拓片

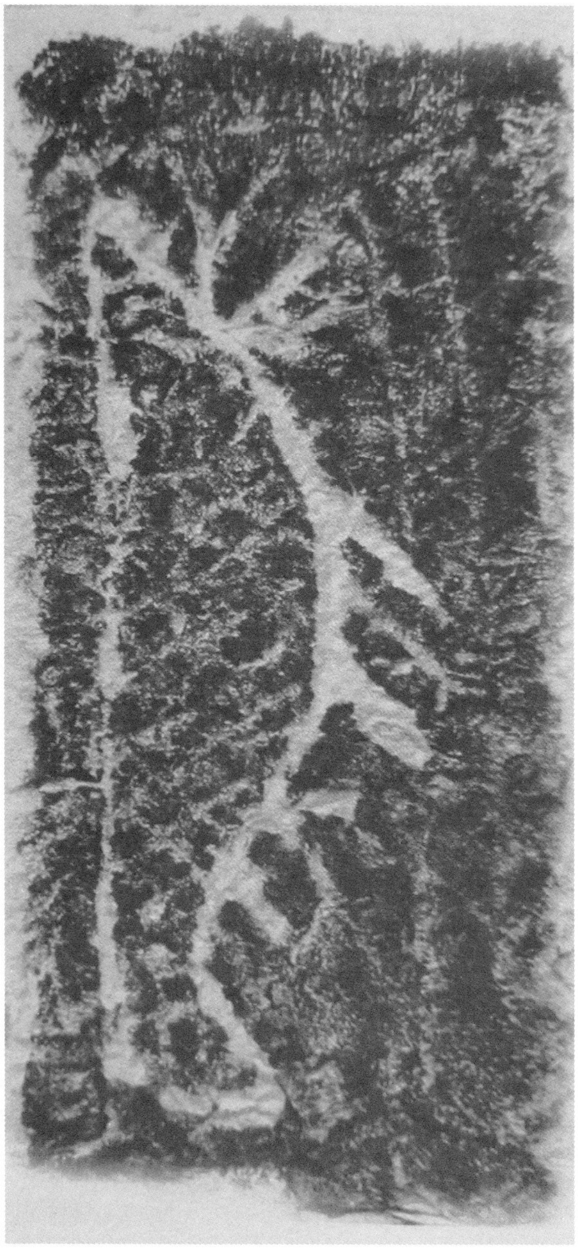

图4-87　汉任城王墓黄肠石鱼图拓片

## 二六、临沂五里堡画像石题记

该石刻于东汉时期，1995年出土于山东临沂五里堡化轻公司院内，现藏临沂市博物馆。墓此前已被破坏，出土画像石13块，画像22幅。题记石长114厘米，宽88厘米。两侧刻题记。

左侧1行17字，文曰：人马禽守（兽）百鸟皆食于太仓饮于河梁之下

右侧1行16字，文曰：人马禽守（兽）百鸟皆食太仓饮于河梁之下

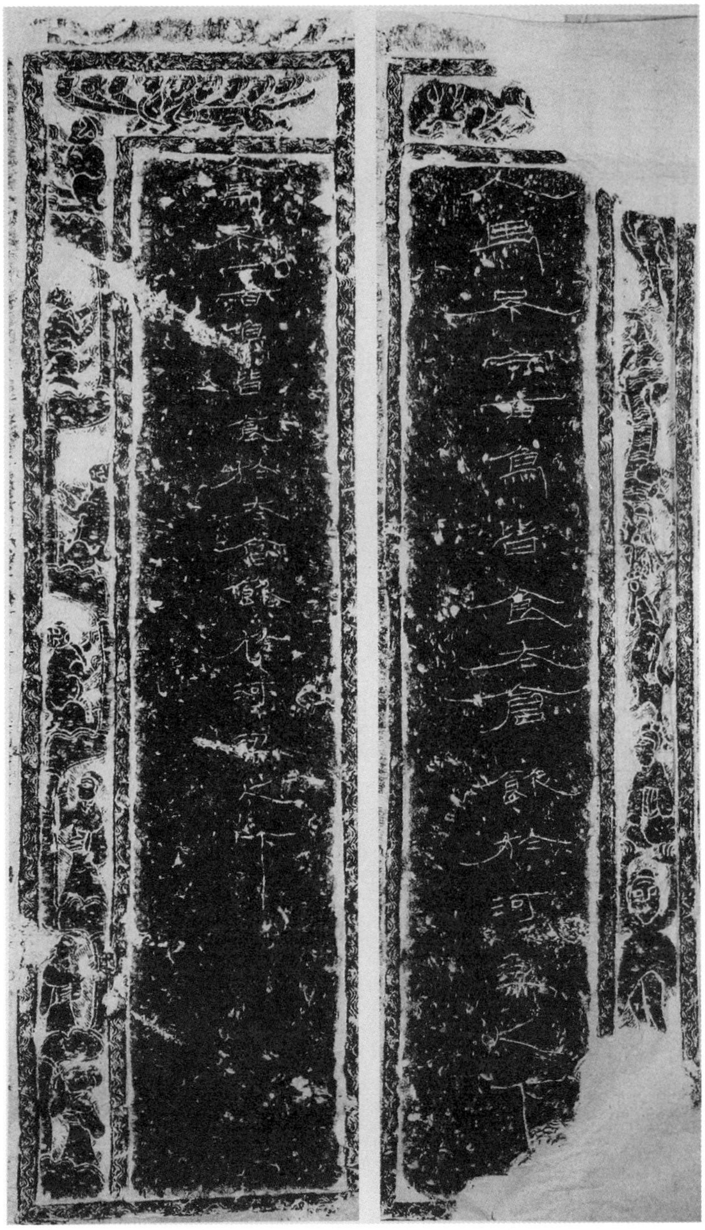

图4-88 临沂五里堡画像石题记石拓片

## 二七、博兴湖滨镇相公村画像石题记

该石出土于博兴县湖滨镇相公村，年代不详，现藏于博兴县博物馆。共二石。

一石高71厘米，宽48厘米，厚21.5厘米。画面分上下两层。

上层自左向右刻有隶书“尧二女”“帝尧”“尧母”“舜后弟”题记及图像。

下层左右两端各刻一辆一马拉的轺车向右行，车上均有二人，二轺车中间有二骑吏并排向右行。

另一石高66厘米，宽52厘米，厚16厘米。画面分左右两部分，右侧残。左侧刻一向右站立拥彗执棒的人物。左侧刻隶书题记12字：此上人马皆当食天仓饮江河

图4-89　博兴湖滨镇相公村画像石拓片（其一）

## 二八、平阴胡庄食品厂墓画像石题记

2011年平阴县榆山办事处胡庄食品厂发现一座拆用汉代画像石建造的墓葬，共用石材16块，清理后，画像石被运至平阴县博物馆收藏。1号画像石高83厘米，宽141厘米。凿纹减地凹面线刻。画面外有四重边栏，栏间饰流水纹、菱形纹、连弧纹。画面中部为楼阁，两侧为重檐双阙。楼内中央有两人对坐。楼前是迎宾队伍。最左边一人躬身站立，做迎接状，其右为一导骑引二轺车，最后一人躬身站立，在为队伍送行。画面左上角有一组隶书题字，1行19字，文曰：

和平元年十一月甲子□□□□□□□直三千

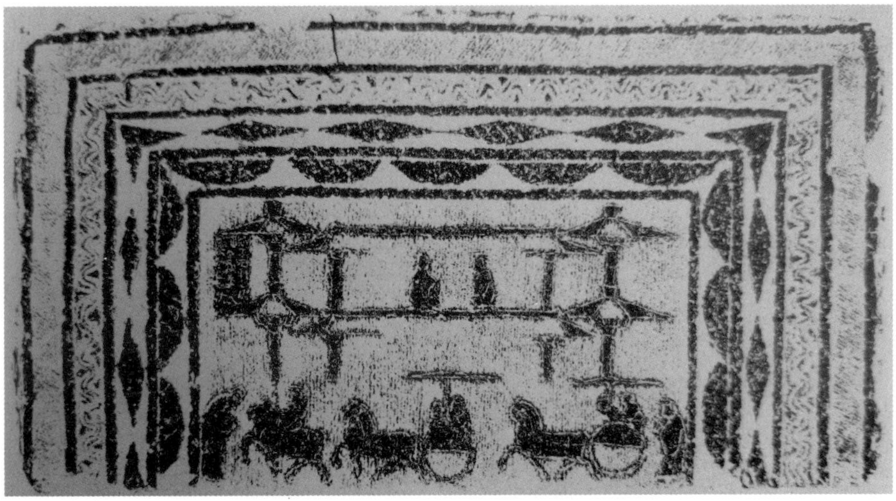

图4-90　平阴胡庄食品厂墓1号画像石拓片

## 二九、蓬莱琴亭国李夫人墓门画像石题记

该石出土于山东省蓬莱县（今烟台市蓬莱区），具体地点不详，出土后，为蓬莱张允襄所得，今不知藏于何处。拓片高49厘米，宽111.5厘米。石刻一鹿侧卧，头部正。画像左侧隶书题字3行：

汉廿八将佐命功

苗东藩琴亭国李

夫人灵第之门

图4-91　蓬莱琴亭国李夫人墓门画像石拓片

## 三〇、潍县君车画像石题记

该石出土于山东省潍县（今潍坊市），具体地点不详，被发现后，归潍县陈介祺，今藏于法国巴黎博物馆。拓片高87厘米，宽126.5厘米。此石两面刻画。

图4-92　潍县君车画像石拓片

阳面画像两层。上层左起为一车马左向行，其上题记“君车”。后有三骑跟随，左起第一骑上题“铃下”，第二骑上题“门下小吏”，第三骑残缺，仅存人马前半部分。

下层画面中间三骑左向奔驰，两侧分别有一树成左右呼应。题字2处，一处位于第一骑马尾之上，曰“门下书佐”，第二处位于右侧树枝之间，曰“主簿”。

## 三一、微山两城山画像石题记[①]

该石拓片高87.5厘米，宽82.5厘米。

画面分三层，第一层、第三层为起居生活，第二层为宴享及渔猎生活。

第二层右上部，题记2处，隶书，曰“王夫人”“二侍郎”。

图4-93　微山两城山画像石拓片

① 参见傅惜华、陈志农编：《山东汉画像石汇编》，山东画报出版社2012年版，第32页。

## 三二、曲阜白杨店画像石题记①

该石出土于山东省曲阜市白杨店东岳庙内，被发现后，移置于城内颜氏乐圃。

拓片高67.5厘米，宽100.5厘米。

画面两层，第一层为历史故事类，第二层为起居生活。

题记2处，隶书，位于第一层，曰“楚□□平”“诸从官”。

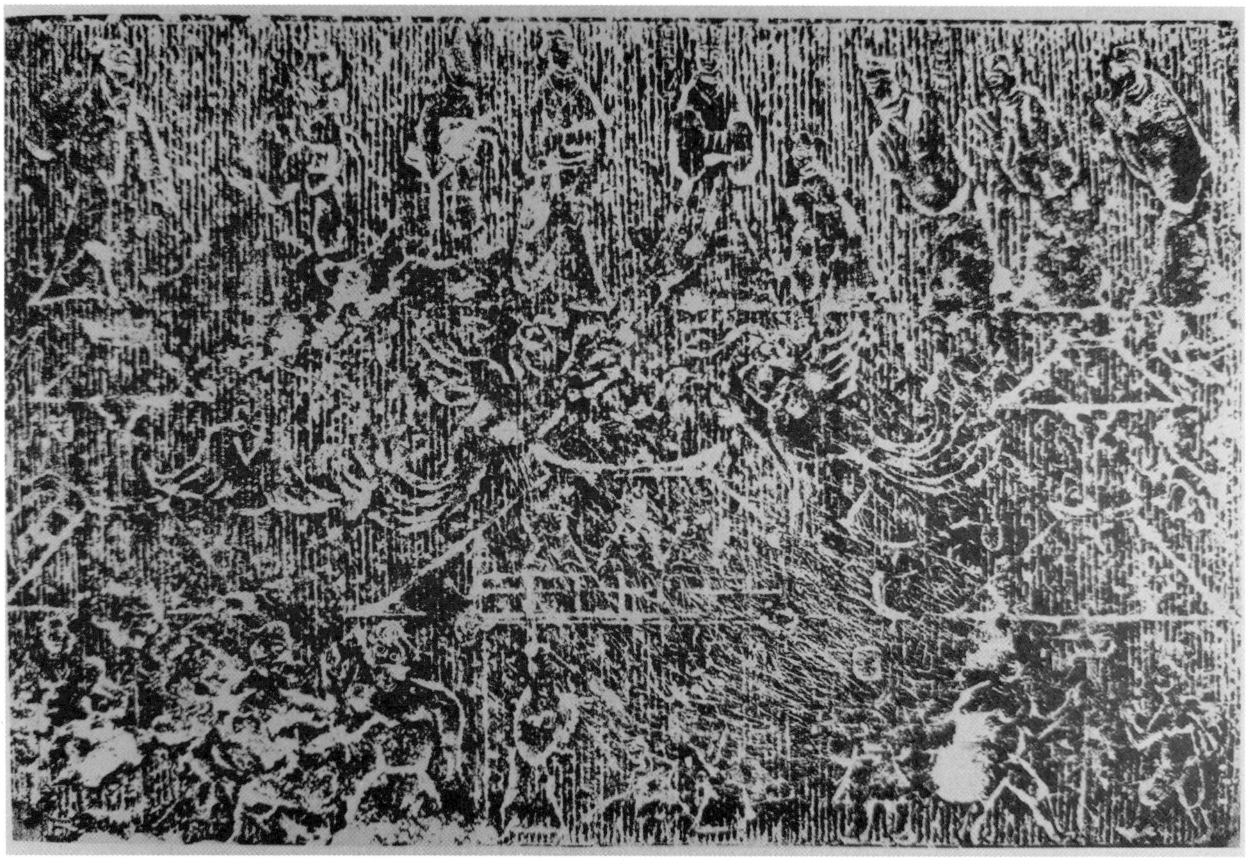

图4-94　曲阜白杨店画像石拓片

① 参见傅惜华、陈志农编：《山东汉画像石汇编》，山东画报出版社2012年版，第81页。

## 三三、滕州初平元年封墓记残石画像石题记[①]

该石立于东汉献帝初平元年（190）孟春，出土于山东滕州，具体地点不详。出土后，先归端方，后归秋浦周进。原碑断残。拓片高71厘米，宽111厘米。

画像左右均刻祥瑞禽兽。

题记仅存16行，隶书。

图4–95　滕州初平元年封墓记残石画像石拓片

① 参见傅惜华、陈志农编：《山东汉画像石汇编》，山东画报出版社2012年版，第82页。

## 三四、滕县残画像石[①]

该石拓片高29厘米，宽56厘米。画面为圣贤人物，有题记1处，隶书，2字，曰“孔子”。

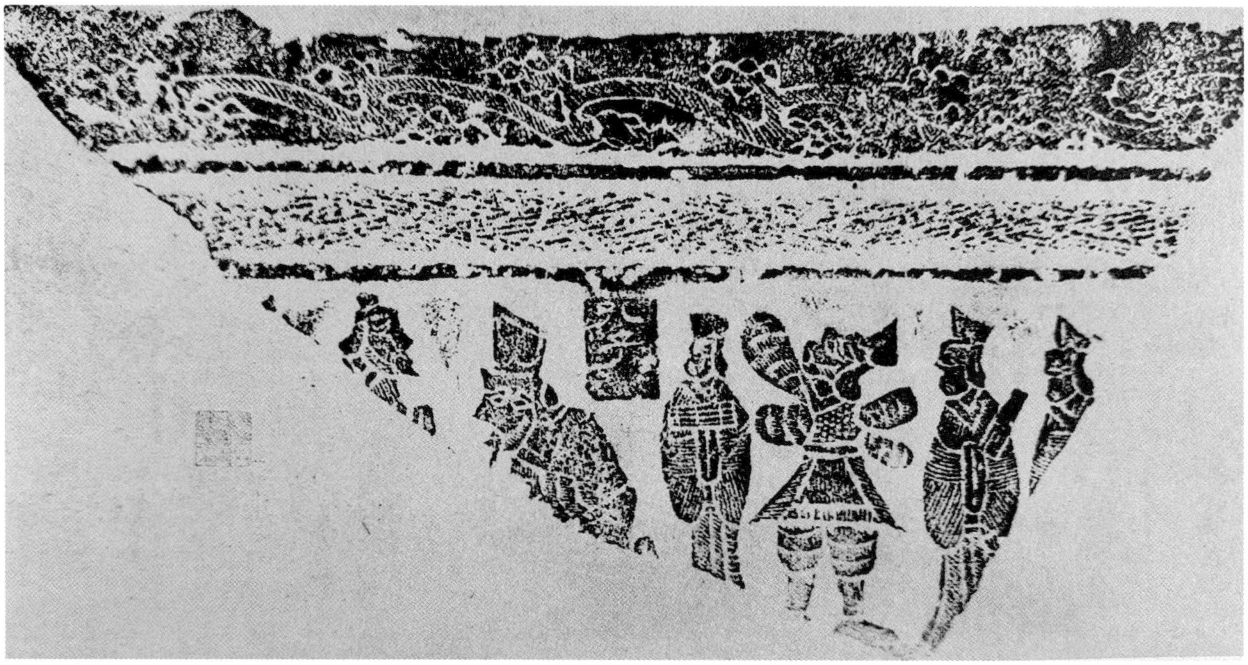

图4-96 滕县残画像石拓片

## 三五、嘉祥刘村洪福院画像石题记[②]

该石出土于山东省嘉祥县刘村洪福院，为大殿佛座下石，被发现后，为福山王懿荣所得，继归端方，今不知所终。拓片高94厘米，宽43.5厘米。

画面分四层，第一层为历史故事，第二层为人物和农作之事，第三层为历史故事，第四层为车马出行。

第三层有3处题记，隶书，曰“鲁公”“周公”“成王”。

---

① 参见傅惜华、陈志农编：《山东汉画像石汇编》，山东画报出版社2012年版，第119页。
② 参见傅惜华、陈志农编：《山东汉画像石汇编》，山东画报出版社2012年版，第161页。

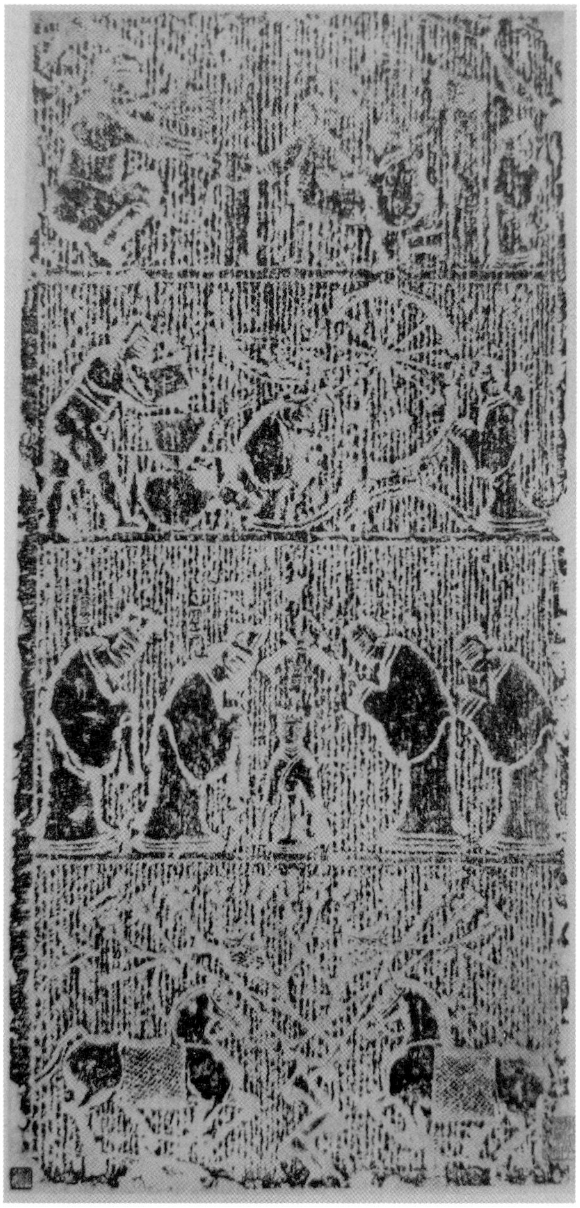

图4-97　嘉祥刘村洪福院画像石拓片

图4-98　嘉祥刘村洪福院画像石题记“鲁公”“周公”“成王”拓片

## 三六、嘉祥焦城村画像石题记[①]

该石出土于山东省嘉祥县城西南焦城村内。拓片高62厘米，宽102厘米。

画面分两层，第一层厅堂人物，为历史故事，第二层为车马出行。

题记1处，位于第一层，隶书，4字，曰“此齐王也”。

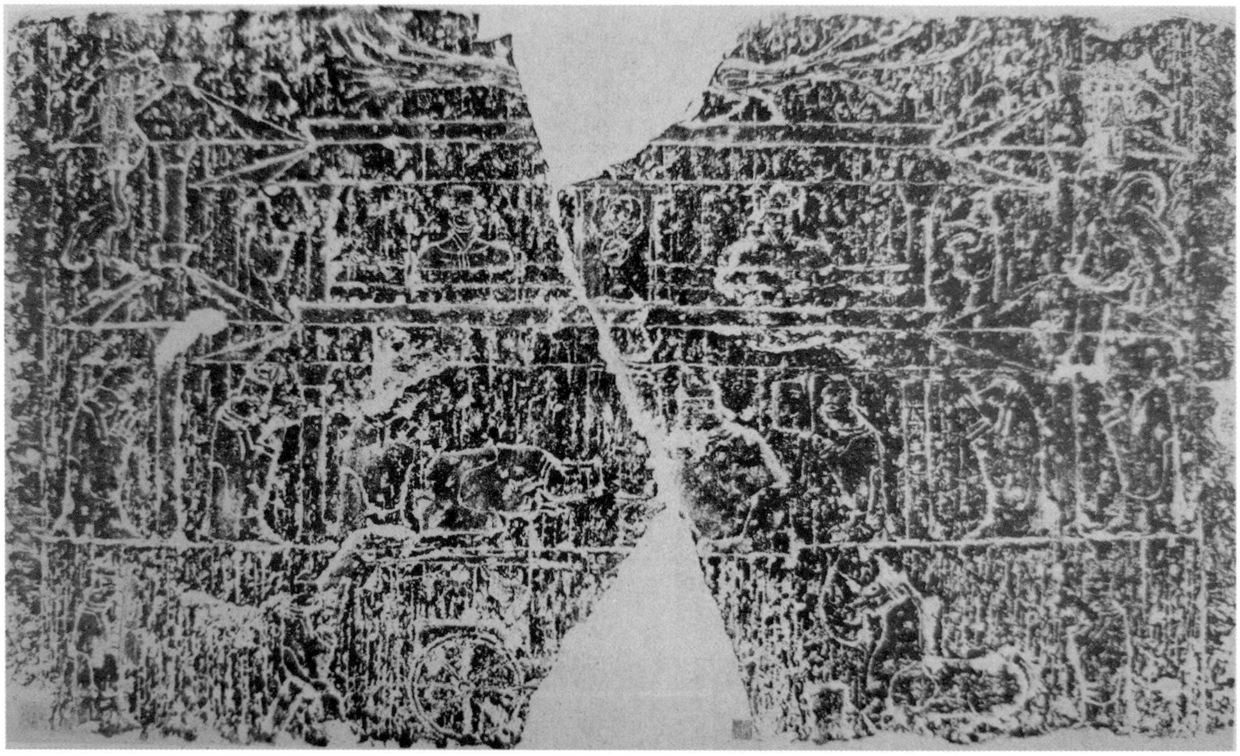

图4-99　嘉祥焦城村画像石拓片

① 参见傅惜华、陈志农编：《山东汉画像石汇编》，山东画报出版社2012年版，第163页。

## 三七、嘉祥钩骑四人画像石①

该石出土于山东省嘉祥县，具体地点不详，被发现后，为吴县潘祖先所得，继归端方，后归黄县丁树桢，今藏于瑞典博物院。

拓片高66厘米，宽72厘米。

画面可分三层，第一层、第二层为车马出行，第三层为装饰图案。

题记3处，共9字。第一层题记1处，隶书，曰“钩骑四人”，第二层题记2处，隶书，曰“辎重”“骑仓头”。

图4-100　嘉祥钩骑四人画像石拓片

① 参见傅惜华、陈志农编：《山东汉画像石汇编》，山东画报出版社2012年版，第199页。

# 三八、嘉祥皋陶陈子禽画像石题记①

该石出土于山东嘉祥县，具体地点不详，出土后，即归黄县丁树桢，今藏瑞典博物院。

拓片高71厘米，宽62.5厘米。

画面分四层，第一层、第二层、第四层均为历史故事和人物，第三层为装饰图案。

题记10处，隶书。第一层题记3处，曰“皋陶”“关龙逢”，一处泐。第二层题记2处，曰“西部都邮”“东部都邮”。第四层题记5处，曰“王子”“陈子□”，一处泐，曰“陈子禽”“□子□”。

图4-101　嘉祥皋陶陈子禽画像石拓片

① 参见傅惜华、陈志农编：《山东汉画像石汇编》，山东画报出版社2012年版，第200页。

## 三九、福山置车驿使画像石题记[①]

该石出土于山东省福山县（今烟台市福山区），具体地点不详，出土后，归福山王懿荣，今不知藏于何处。

拓片高62.5厘米，宽54厘米。画面第一层为祥瑞禽兽，第二层为车马出行。

题记2处，位于第二层，隶书，共4字，曰“置车”“驿使”。

图4-102 福山置车驿使画像石拓片

① 参见傅惜华、陈志农编：《山东汉画像石汇编》，山东画报出版社2012年版，第221页。

## 四〇、山东吴王与齐桓公画像石题记①

该石出土于山东省，时间、具体地点不详，被发现后，归上虞罗振玉，今藏于浙江杭州西泠印社。

拓片高75.5厘米，宽90厘米。

画面分为两层，上层刻画历史人物，下层刻画庖厨场景。

题记2处，位于第一层，隶书，共5字，曰“吴王”“齐桓公”。

图4-103　山东吴王与齐桓公画像石拓片

## 四一、泰安画像石题记②

该石出土于山东省泰安市城外乾家堡，被发现后，所在不详。拓片高31厘米，宽109厘米。

题记3处，隶书，曰“□□□车”“卢行亭车”“卢行亭长”。

① 参见傅惜华、陈志农编：《山东汉画像石汇编》，山东画报出版社2012年版，第236页。

② 参见傅惜华、陈志农编：《山东汉画像石汇编》，山东画报出版社2012年版，第296页。

图4-104　泰安画像石题记拓片

## 四二、滋阳县更封残字画像石题记①

该石出土于山东省滋阳县（今济宁市兖州区），具体时间、地点不详，被发现后，

图4-105　滋阳县更封残字画像石拓片

① 参见傅惜华、陈志农编：《山东汉画像石汇编》，山东画报出版社 2012 年版，第 339 页。

为许氏所得，继归端方，今藏于北京中山公园。画面为四棵树。画面之外，石左上角残存2字，曰“更封”。

## 四三、滕县董家村答子管仲等画像石题记[①]

该石出土于山东省滕县（今滕州市）城东董家村，被发现后，归端方，今不知所终。拓片高69厘米，宽82.5厘米。

图4-106　滕县董家村答子管仲等画像石拓片

① 参见傅惜华、陈志农编：《山东汉画像石汇编》，山东画报出版社2012年版，第349页。

刻石右边画像分三层，第一层为瑞兽，第二层刻画人物5人，第三层刻画人物5人，左下侧残缺。

第二层题记5处，隶书，共13字，从右至左分别是“答子妇”“答子母”“答子”“管仲妻”“管仲”。

第三层题记5处，隶书，共13字，从右至左分别是“太尉车”“骑将军”“司徒”“司空”“大鸿虑”。

刻石左侧题字1行，曰：□冢门出入田伏王辰冢□地方且□。

题字左侧有一行竖排人物像。

## 四四、临沂画像石题记一①

该石出土于山东省临沂县（今临沂市）附近，具体地点不详，出土后，归上虞罗振玉，今藏于日本东京国立博物馆。

拓片高44.5厘米，宽101.5厘米。

画面以边框饰之，左上侧刻一羊首，画面刻历史故事人物和建筑装饰。题记5处，隶书，曰“南公”“成王”“周公”“使者”“门亭长”。

图4-107　临沂画像石一拓片

① 参见傅惜华、陈志农编：《山东汉画像石汇编》，山东画报出版社2012年版，第526页。

## 四五、临沂画像石题记二[①]

该石出土于山东省临沂县（今临沂市），具体地点不详。

拓片高67厘米，宽135.5厘米。

画面三层，第一层为历史故事，第二层为车马出行和百戏，第三层为狩猎。画面左侧题字1行，隶书，曰“此上人马食大仓”。第一层题记2处，隶书，曰“孔子”“老子”。

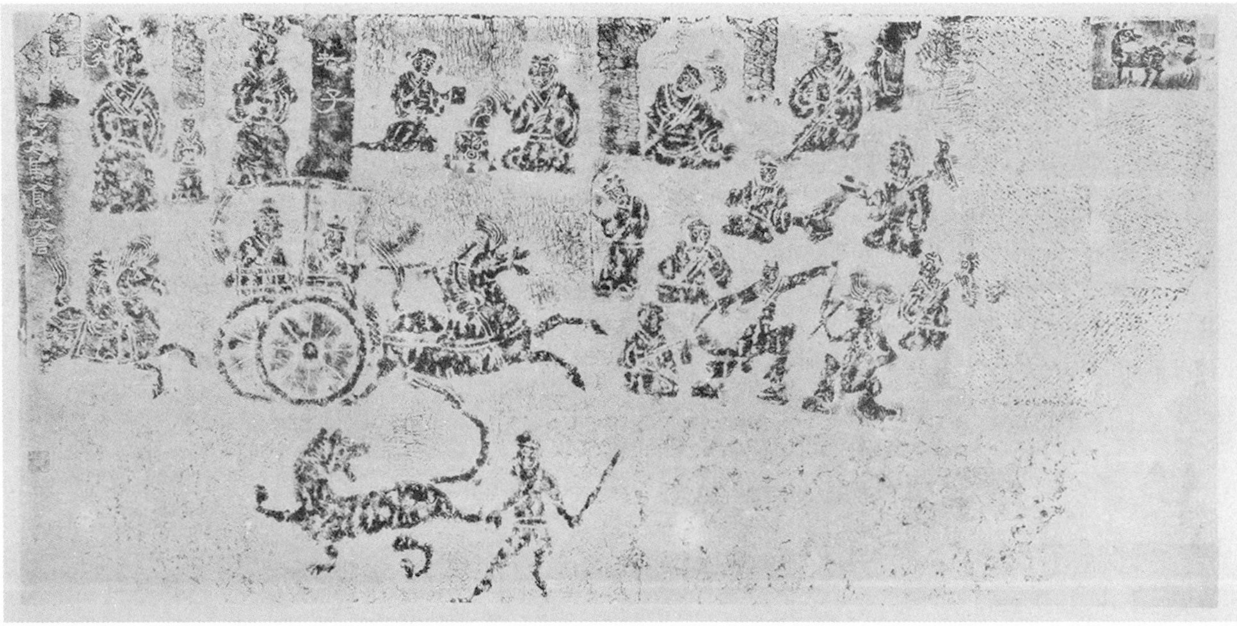

图4-108　临沂画像石二拓片

## 四六、潍县南门外画像石题记[②]

该石出土于山东省潍县（今属潍坊市）南门外墓间，出土后，即归山东省立图书馆（今山东省图书馆）。

拓片高48厘米，宽145厘米。

画面刻三羊。右方有题字2行，隶书，曰“客少饭无酒”“各在孟节”。

① 参见傅惜华、陈志农编：《山东汉画像石汇编》，山东画报出版社2012年版，第531页。

② 参见傅惜华、陈志农编：《山东汉画像石汇编》，山东画报出版社2012年版，第540页。

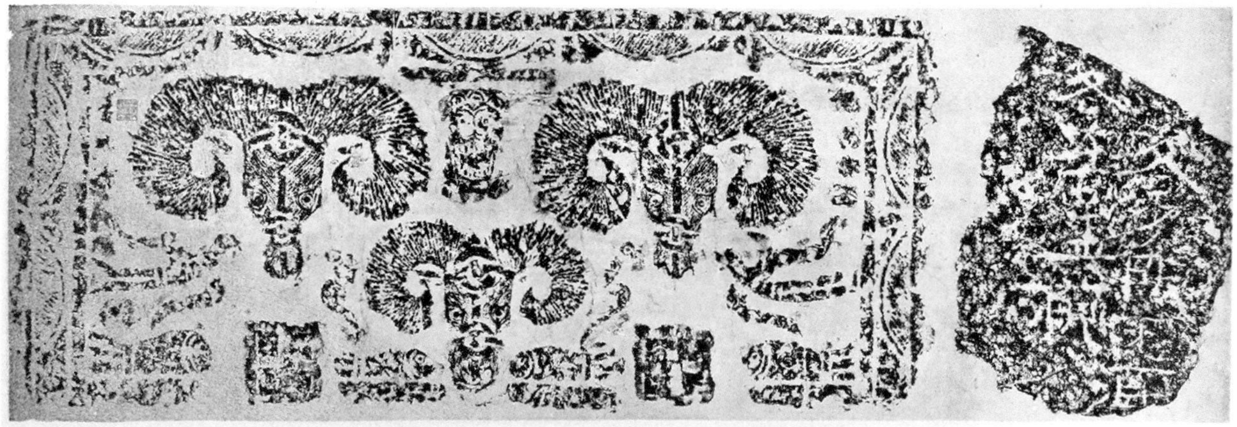

图4-109　潍县南门外画像石拓片

## 四七、山东骑吏封人等画像石题记[①]

该石出土于山东省，具体地点不详。

拓片高60厘米，宽182厘米。

画面分两层，第一层为人物和瑞兽，第二层为车马出行。

第二层题记5处，隶书，曰“骑吏”“执戟”“执殳”“前驱”“封人”。

图4-110　山东骑吏封人等画像石拓片

① 参见傅惜华、陈志农编：《山东汉画像石汇编》，山东画报出版社2012年版，第557页。

# 四八、费县刘家疃汉画像石墓题记①

该石墓位于费县城北7.6千米刘家疃村北的高阜地带。1966年墓葬被发现，山东博物馆派人前往费县进行了清理，之后进行了原地封存保护。2016年6月，山东博物馆联合费县博物馆对该墓进行了二次清理。墓顶除前室藻井遭到破坏外，其他部位均保存完好，采用汉墓常见的叠涩法压角内收，上面覆以方形石块封闭而成。同时，他们还进行了墓穴的确定和墓道的寻找工作。墓穴为长方形，东西长8.7米，后室部分南北宽4.13米。墓道被现代建筑占压，未发掘。

除了墓门两侧的挡土墙外，墓室全部使用石材垒砌。石材主要是本地出产的石灰岩。墓室东西长7.15米，南北宽4.88米，分为前、中、后三室。中室两侧有耳室，后室北壁上有两龛室，共7室。整体布局沿中轴线对称分布，主轴为东西向，墓门向西。

整墓占地面积约40平方米，共用石材约120块，其中画像石残存36块（前室藻顶被

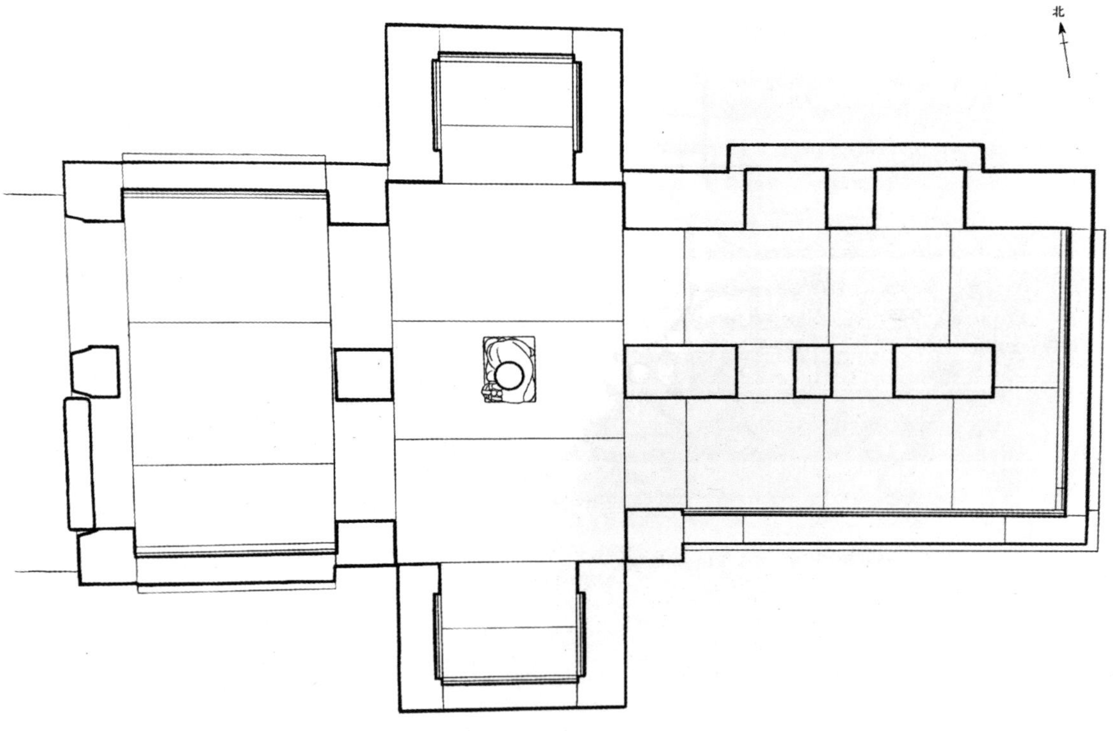


图4-111　费县刘家疃汉画像石墓平面图

① 参见秋伟、潘振华等撰：《山东费县刘家疃汉画像石墓发掘简报》，《文物》2018年第9期。

破坏，残存画像画面不完整，未统计在内），主要分布在前室、中室和后室。其中，题记画像石4块，分布于前室、中室，记录如下。

1. 第9幅：前室北壁上部画像。画面长124厘米，宽59厘米。画面五人，分左右两部分。右边三人中，中间一人戴笠持锸，身穿长袍，袍袖飞扬，袍角亦上扬，小臂裸露，双手扶锸，扭头与左侧之人交谈。左侧之人亦着袍，抄手恭立，头上梳小圆髻，髻上有力士冠，冠旁有一环形装饰。右侧之人服饰与中间之人相同，头饰与左侧之人基本相同，唯环形饰有两个，左右对称，小臂裸露，两手相握，面向中间之人站立。在中间和右侧之人上部之间有榜题，漫漶难辨；左侧之人头部后方亦有榜题，难以辨认。左边两人相向而立，着广袖袍，左侧一人手持简册，简册呈展开形，其上编绳隐约可见。

图4-112　前室北壁上部画像石拓片

2. 第14幅：前室东壁南立柱画像。画面宽14厘米，高103厘米，分上下两格。上格为人面蛇身人物，戴笼冠着袍，手持矩，下身蛇尾上翘，面向北，头部后方有题记。下格为一牛首人身人物，头上双角内有圆形太阳，内有鸟，双手抱月，月中有蟾蜍，腰束袍带。上下格之间分隔线稍宽，其上有题记。

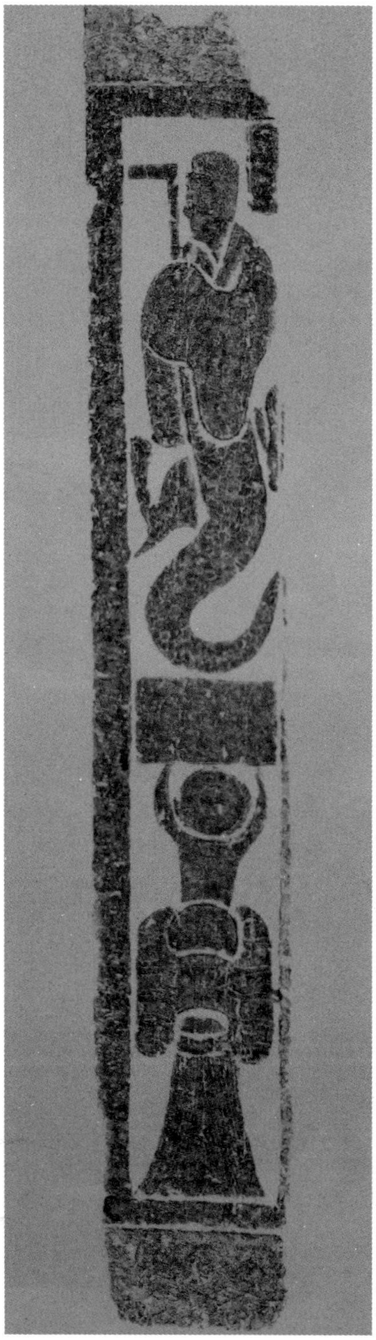

图4-113 前室东壁南立柱画像石拓片

3. 第15幅：前室南壁上部画像。画面长127厘米，宽44厘米。画面中有立柱，中心两人做持剑搏斗状。二人均戴力士高冠，右侧之人袍袖飞扬，袍角亦上扬。小臂裸露，双手握剑，剑尚未出鞘，做用力摆脱状；左侧之人冠、袍与右侧之人相同，右手握住右侧之人的剑鞘，左手举出鞘之剑，作势欲劈。右侧之人身后有两人拱手侍立，皆头戴冠，长袍，袍袖宽大。左侧之人身后亦有一人侍立，冠饰与右侧侍者相同，手上捧长方形物，身后有向上曲折的尾状物。中间两人后部上方均有题记，右侧两人中间上部有题记，左侧之人后部上方有题记，字迹漫漶，难以辨认。

图4-114　前室南壁上部画像石拓片

4. 第21幅：中室北壁上部画像。画面长126厘米，宽40厘米。为小车和云车出行图。小车向西行进，为双辕两轮小车，前一人拉车，头上有公鸡，右手持便面，辕上有单足鸟，一人坐于车上，戴冠，着长袍，其后有题记。后为云车，三龙拉车，车轮为卷云形，车上有一驭者，以绳索驭龙，后有一乘者。有题记，漫漶不辨。车后有一龙跟随。

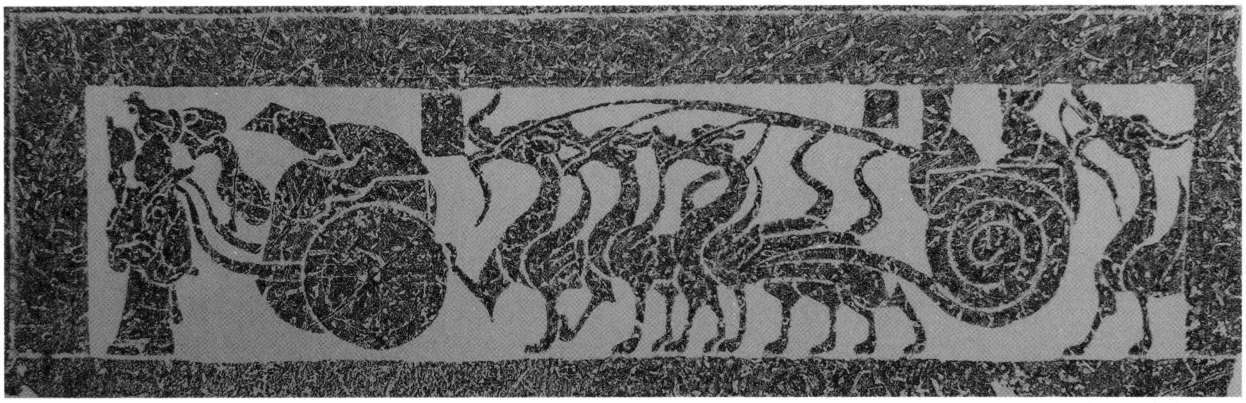

图4-115　中室北壁上部画像石拓片

## 四九、费县周山头村车马出行画像石

该石出土于山东临沂费县周山头村。石残，高40厘米，宽113厘米，厚16厘米。画像石中间穿凿一长方形孔；右侧一轺车左行，上坐二人；左侧一人右向躬身而立；此人身后有题记4行，隶书，文曰："人马食大仓……"

画像下部饰连弧纹。

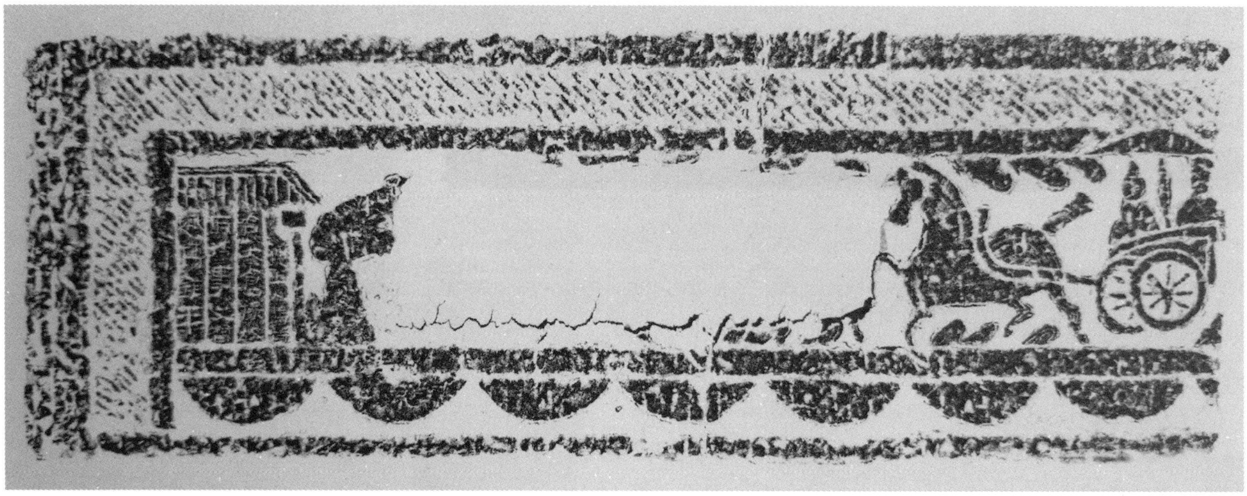

图4-116　费县周山头村车马出行画像石拓片

## 五〇、肥城君车出行画像石题记

肥城君车出行画像石来源不详，现藏肥城市博物馆。拓片高46厘米，宽227厘米。

图4-117　肥城君车出行画像石拓片

画面为平面浅浮雕，内容为君车出行图，题记5处。车马左向而行，左起二前导骑吏，手持戟并行；后随轺车两辆；轺车后为二持幡骑吏；持幡骑吏后为一轺车，隶书题“君车”；君车后从一骑吏；骑吏后又一轺车，隶书题“主簿车”；后又一轺车，一骑吏；再后一人执笏躬身，亭内一人拥彗。

# 第五章

# 碑刻题记

## 一、平邑河平三年麃孝禹碑

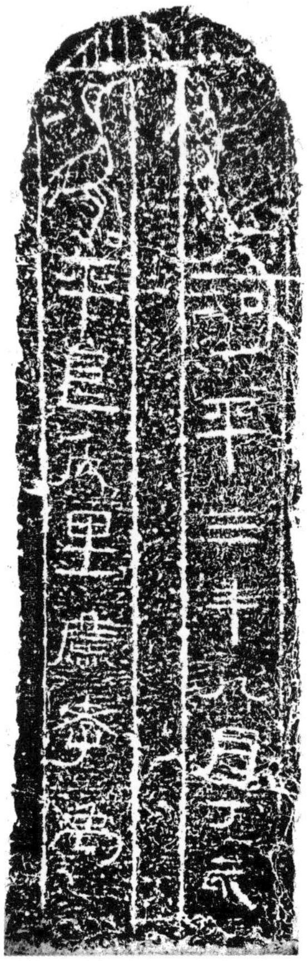

图5-1　麃孝禹碑拓片

该石刻于西汉成帝河平三年（前26）。又称麃孝禹刻石、河平刻石。平邑县原平邑集附近出土，清同治九年（1870）宫本昂等人访得，曾归南海李山农，1920年现于莒县庄式如宅院中，抗日战争爆发后又一度失传，新中国成立初期在济南成大汽车行又被发现，现藏山东博物馆。碑高147厘米，宽45厘米。圆形碑首，无碑穿，上刻粗花纹屋形，下有两鸟相对，左为鹤，右已泐，均阴刻。碑文隶书，2行15字，有界栏。

右行刻8字，曰：河平三年八月丁亥

左行刻7字，曰：平邑成里麃孝禹

## 二、嘉祥武翟山建和元年武斑碑

该石刻于东汉桓帝建和元年（147），现保存于山东省嘉祥县武氏祠，即武氏墓群石刻博物馆。

碑高210厘米，肩高170厘米，宽88厘米，厚25厘米。圭形首，有碑穿。其文字大多数模糊不清。碑额题字也难辨别，参考武荣碑额，应为“汉故敦煌长史武君之碑”。

碑文隶书，今漫漶严重，据《隶释》卷六《敦煌长史武斑碑》记录碑文为：

建和元年大岁在丁亥二月辛巳朔廿三日癸卯长史同□□□□□□□□

敦煌长史武君讳斑字宣张昔殷王武丁克伐鬼方元功章炳勋臧王府官族分析因以为氏焉武氏概

其后也商周遐貌历世旷远不陨其美汉兴以以爵位相踵□朝忠臣君幼门颜闵之懋质长敷游夏之

文学慈惠宽□孝友玄妙苞罗艺术贯洞圣□博兼□□耽综典籍□思□纯求福不回清声美行阐形

远近州郡贪其高贤幼少请以□□岁举□翼紫宫□□诏除光显王室有□于国帝庸嘉之掌司古□

领校秘隩研□幽微追昔刘向辨贾之徒比□万矣时戎□□匡正一□□朝廷惟忧□□有司□□举

君斑到官之日□万吏士哮虎之怒薄伐□□□□□□□□□并百姓赖之邦域既宁久牢于外当还

本朝以叙左右以永嘉元年□月□日遭疾不□哀□于是金乡长河间高阳史恢等追惟昔日同岁郎

署感以为自古在昔先圣与仁□□兴替□□人存生荣死哀是为万年伊君遗德亦孔之珍故立石铭

碑以旌明德焉其辞曰

于惟武君允德允恭受天休命积祉所踵其在孩提岐嶷发□谦□守约唯谊是从孝深凯风志洁羔羊

乐是□□恬此□光孽孽临川窥见墙内庶仰其首彻妙玄通□然清邈□□□□□□□升□

为帝股肱扶助大和万民乃蒙显宗□□史官书功昊天上帝降兹鞠凶晻忽徂逝□□□宫

不享耆耆大命□□百惟□后帝感伤学夫丧师士女悽怆旌表金石令

问不忘垂□后昆亿载叹诵

尚书丞沛国萧曹芝□宣……

成武令中山安熹曹种□□……

豊令下邳良成徐崇□□……

故陈留府丞鲁国鲁□□□□……

防东长齐国临淄□……

纪伯允书此碑严祺字伯曾……

图5-2　武斑碑正面拓片

图5-3　武斑碑背面拓片

## 三、曲阜中元元年北陛画像石题记①

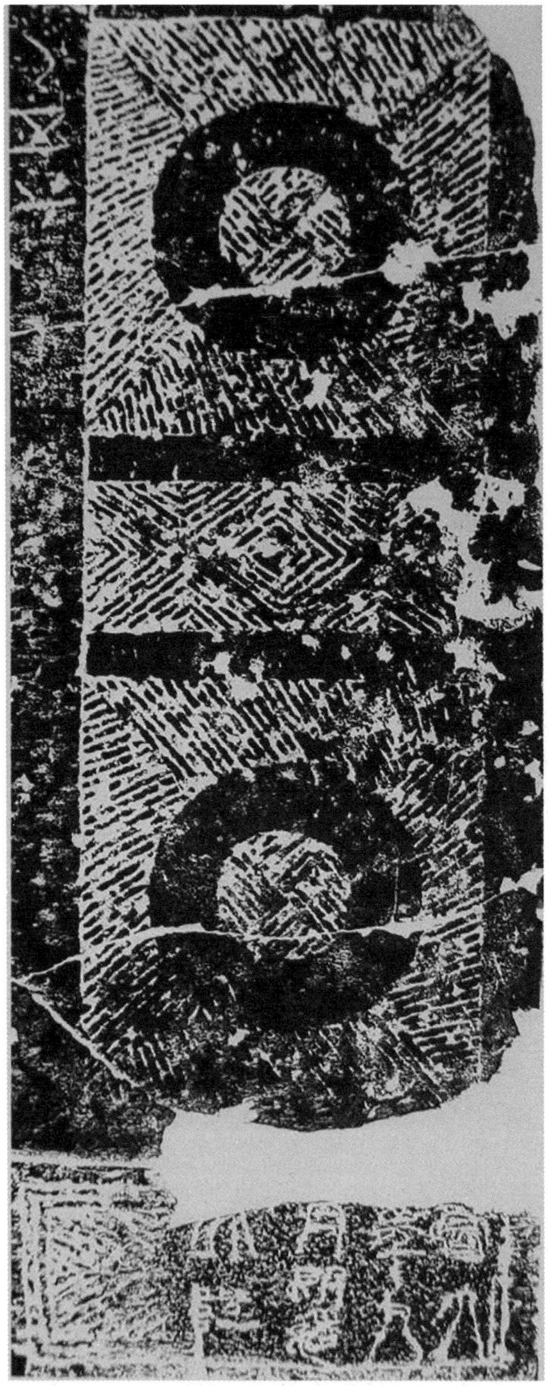

图5-4　曲阜中元元年北陛画像石拓片

该石刻于西汉景帝中元元年（前149）。1942年发现于鲁故城内汉鲁王宫殿区，即汉鲁王故宫和太庙旧址（今周公庙高台地），为日本人于周公庙台地掘得，运日途中，截留北京，藏北京大学。此石1979年由北京大学归藏曲阜孔庙东庑，后移藏曲阜汉魏碑刻陈列馆。

石高95厘米，宽42厘米，厚19.5厘米，正面浅雕双璧图。陛石一侧刻有9字，书体篆味甚浓，刻字处高19.5厘米，宽42厘米。文曰：

鲁六

年九

月所造

北陛

石上另一侧，可辨“六五乙”3字，隶书。

鲁六年应为西汉鲁恭王刘馀六年。陛，《玉篇》载：“天子阶也。”此处北陛，当指汉鲁王宫北阶，登阶可升宫。汉景帝于前元三年（前154），徙封其子刘馀为鲁王，鲁六年即公元前149年。此为迄今发现的西汉早期石刻之一，因西汉刻石甚为稀少，此石就更显得珍贵。

① 参见车吉心主编：《齐鲁文化大辞典》，山东教育出版社1989年版，第739页。

## 四、曲阜永兴元年乙瑛碑

图5-5　曲阜永兴元年乙瑛碑原石

该石立于东汉桓帝永兴元年（153），旧置曲阜孔庙同文门内，1978年移入孔庙东庑，现藏曲阜汉魏碑刻陈列馆。

碑高198厘米，宽91.5厘米，厚22厘米。碑身两侧一侧刻龙纹，正面碑文隶书，18行，共606字，文曰：

司徒臣雄司空臣戒稽首言鲁前相瑛书言诏书崇圣道勉六艺孔子作春秋制孝经删述五经演易系

辞经纬天地幽赞神明故特立庙褒成侯四时来祠事已即去庙有礼器无常人掌领请置百石卒史一

人典主守庙春秋飨礼财出王家钱给大酒直须报谨问大常祠曹掾冯牟史郭玄辞对故事辟雍礼未

行祠先圣师侍祠者孔子子孙大宰大祝令各一人皆备爵大常丞监祠河南尹给牛羊豕鸡□□各一

大司农给米祠臣愚以为如瑛言孔子大圣则象乾坤为汉制作先世所尊祠用众牲长吏备爵今欲加

图5-6　曲阜永兴元年乙瑛碑拓片

宠子孙敬恭明祀传于罔极可许臣请鲁相为孔子庙置百石卒史一人掌领礼器出王家钱给大酒直

他如故事臣雄臣戒愚戆诚惶诚恐顿首顿首死罪死罪臣稽首以闻

制曰可

元嘉三年三月廿七日壬寅奏洛阳宫司空公蜀郡成都赵戒字意伯司徒公河南原武吴雄字季高

元嘉三年三月丙子朔廿七日壬寅司徒雄司空戒下鲁相承书从事下当用者选其年册以上经通一

艺杂试通利能奉弘先圣之礼为宗所归者如诏书书到言

永兴元年六月甲辰朔十八日辛酉鲁相平行长史事卞守长擅叩头死罪敢言之

司徒司空府壬寅诏书为孔子庙置百石卒史一人掌主礼器选年册以上经通一艺杂试能奉弘先圣

之礼为宗所归者平叩头叩头死罪死罪谨案文书守文学掾鲁孔龢师孔宪户曹史孔览等杂试龢修

春秋严氏经通高第事亲至孝能奉先圣之礼为宗所归除龢补名状如牒平惶恐叩头死罪死罪上

司空府

赞曰巍巍大圣赫赫弥章相乙瑛字少卿平原高唐人令鲍叠字文公上党屯留人政教稽古若重规矩

乙君察举守宅除吏孔子十九世孙麟廉请置百石卒史一人鲍君造作百石吏舍功垂无穷于是始□

## 五、曲阜永兴二年孔谦墓碑

该石立于东汉桓帝永兴二年（154），原在曲阜孔林孔谦墓前，清初移入孔庙同文门内，1978年移置孔庙东庑，现藏曲阜汉魏碑刻陈列馆。

碑高83厘米，宽53厘米，厚22.5厘米。圆首，有碑晕，有碑穿，无额题。隶书碑文，8行，计72字。文曰：

孔谦字德让者宣尼公廿

世孙都尉君之子也幼体

兰石自然之姿长膺清少
孝友之行祖述家业修春
秋经升堂讲诵深究圣指
弱冠而仕历郡诸曹史年
卅四永兴二年七月遭疾
不禄

图5-7　孔谦墓碑拓片

## 六、曲阜永寿元年孔君墓碑

该石立于东汉桓帝永寿元年（155），又名孔少垂墓碑。原在曲阜孔林内，后佚失。清乾隆五十八年（1793），重又发现于孔林墙外，移入孔庙，今藏曲阜汉魏碑刻陈列馆。碑高150厘米，宽47.5厘米，厚13厘米。圆首，无穿，外缘饰齿纹。碑额篆书2行，行2字，文曰：

孔君

之墓

碑阳有碑文8行，行15字不等，隶书，漫漶大半，难以卒读。文曰：

□永寿元年乙未青龙□□□□□□

□□□□□孔子十九世孙□君□□

好学□□□□□□履方约身□□□

□□□□德施州里朝廷□□□□□

五官掾守长史兼行相事所在□行□

□□□□□于僖哀□□□□□□□

□吉安者□□□孝刊石建□□示后

□□□字□□□□此□□□

图5-8　孔君墓碑拓片

## 七、曲阜延熹七年孔宙墓碑

该石造于东汉桓帝延熹七年（164），原在曲阜孔林孔宙墓前，清乾隆年间移置孔庙，现藏曲阜汉魏碑刻陈列馆。

碑高302厘米，宽107厘米，厚24厘米。碑晕首，有碑穿，额题篆书“有汉泰山都尉孔君之碑”。碑阳隶书15行，行26—28字不等。碑阴刻门生故吏名3列。

碑阳文曰：

有汉泰山都尉孔君之铭

君讳宙字季将孔子十九世之孙也天姿醇嘏齐圣达道少习家训治严

氏春秋缉熙之业既就而闺阈之行允恭德音孔昭遂举孝廉除郎中都

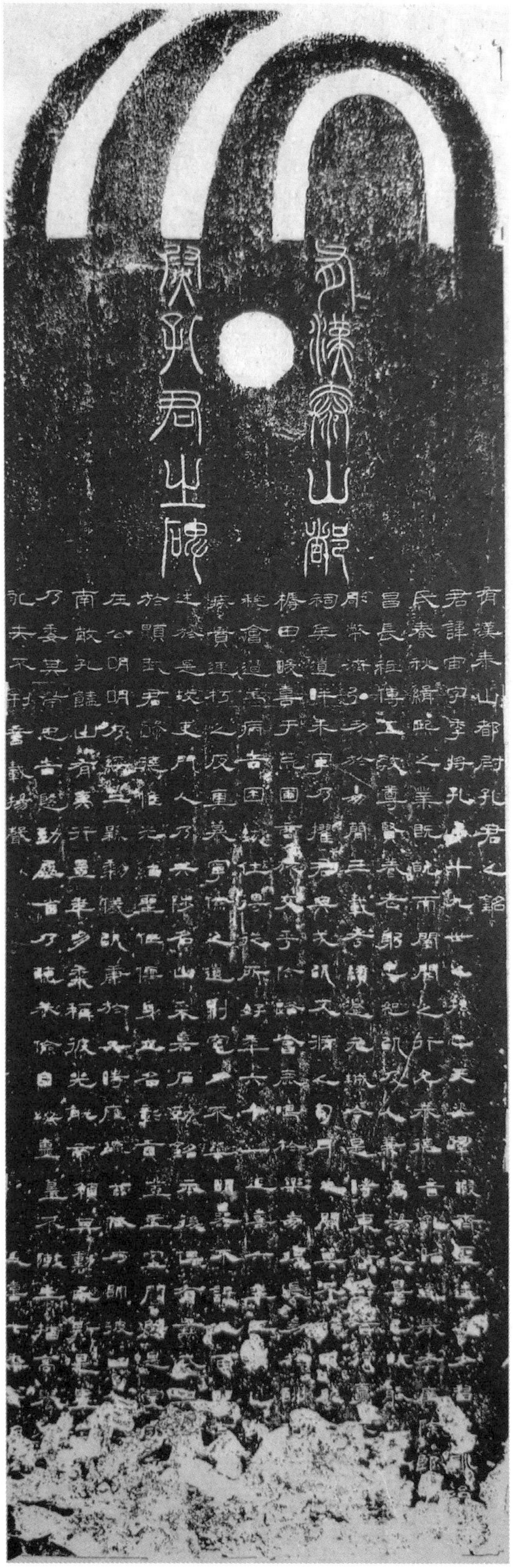

图5-9 孔宙墓碑碑阳拓片

昌长祇传五教尊贤养老躬忠恕以及人兼禹汤之罪己故能兴朴素于

凋敝济弘功于易简三载考绩迁元城令是时东岳黔首猾夏不共醻

祠兵遗畔未宁乃擢君典戎以文修之旬月之间莫不解甲服罪载芟载

耨田畯喜于荒圃商旅交乎险路会鹿鸣于乐崩复长幼于酬酢刁□□

稔会遭笃病告困致仕得从所好年六十一延熹六年正月乙未遂□卒

疾贵速朽之反真慕宁俭之遗则窀夕不华明器不设凡百卬高德音靡

述于是故吏门人乃共陟名山采嘉石勒铭示后俾有彝式其辞曰

于显我君懿德惟光绍圣作儒身立名彰贡登王室阍合是虔夙夜匪懈

在公明明乃绥二县黎仪以康于天时靡抚兹岱方帅彼凶人覆俾□□

南亩孔馌山有夷行丰年多黍称彼兕觥帝赖其勋民斯是皇疾疢不复

乃委其荣忠告殷勤屡省乃听恭俭自终亶簋不陈生播高誉殁垂令名

永矢不刊亿载扬声　延熹七年七月戊辰造

碑阴文曰：

门生故吏名

门生钜鹿瘿陶张云字子平

门生钜鹿瘿陶赵政字元政

门生钜鹿广宗捕巡字升台

门生东平宁阳韦勋字幼昌

门生魏郡馆陶张上字仲举

门生魏郡馆陶王时字子表

门生魏郡阴安张典字少高

门生魏郡魏孟忠字诗政

门生魏郡魏李镇字世君

门生魏郡馆陶吴让字子敬

门生魏郡馆陶文俭字元节

门生魏郡馆陶乡瑱字仲雅

门生魏郡邺暴香字伯子

门生东郡东武阳梁淑字元祖

门生东郡卫公国赵恭字和平

门生东郡东武阳张表字公方

门生东郡东武阳滕穆字奉德

门生东郡乐平桑演字仲厚

门生东郡乐平靳京字君贤

门生东郡乐平梁布字叔光

门生东郡乐平桑显字伯异

门生陈留平丘司马规字伯昌

门生安平下博张祺字叔松

门生安平下博张朝字公房

门生安平下博苏观字伯台

门生安平堂阳张琦字子异

门生北海安丘齐纳字荣谋

门生北海都昌吕升字山甫

门生北海剧秦麟字伯麟

门生北海剧如庐浮字遗伯

门生北海剧薛顗字胜辅

门生北海剧高冰字季超

门生济南梁邹赵震字叔政

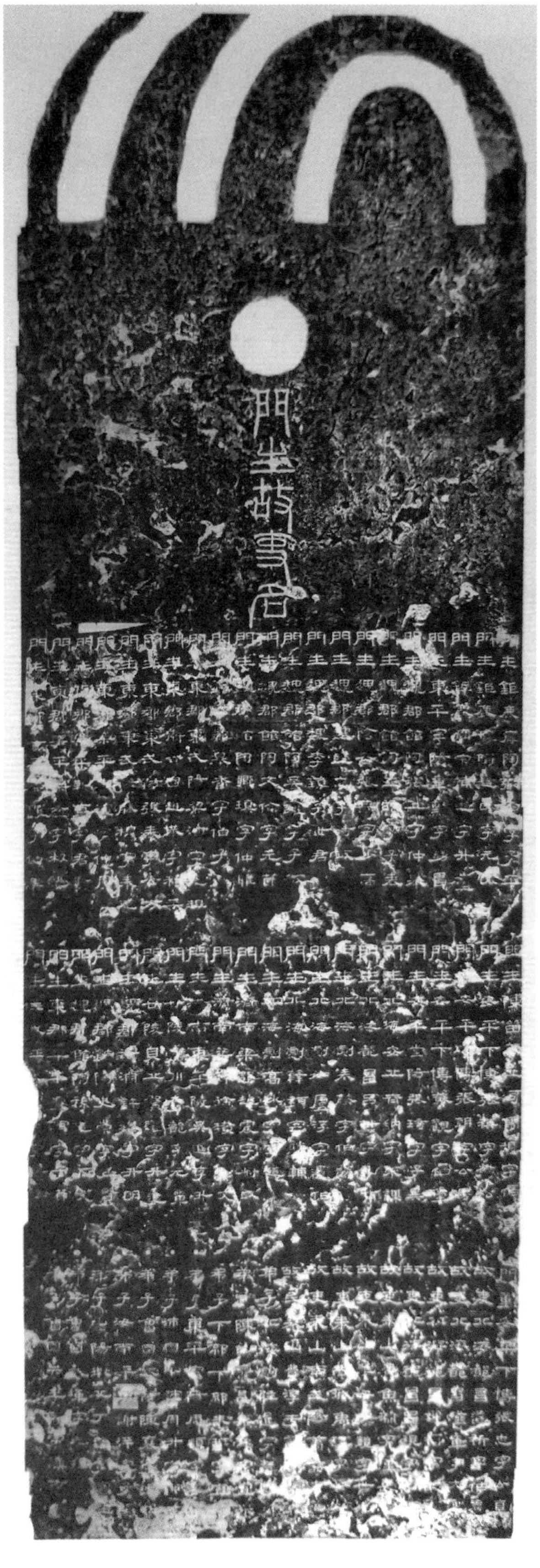

图5-10　孔宙墓碑碑阴拓片

门生济南梁邹徐璜字幼文
门生济南东平陵吴进字升台
门生甘陵广川李都字元章
门生甘陵贝丘贺曜字升进
门生魏郡清渊许祺字升明
门生魏郡馆陶史崇字少贤
门生魏郡馆陶孙忠字府文
门生东郡乐平卢修字子节
门生任城任□□□字景汉
门童安平下博张忠字公直

故吏北海都昌逢祈字伯熹
故吏北海都昌薤章字文理
故吏北海都昌魏称字文长
故吏北海都昌吕规字元规
故吏泰山费鱼渊字汉长
故吏泰山华母楼觊字世光
故吏泰山南城禹规字世举
故吏泰山南武阳萧诲字伯谋
故民泰山费淳于党字季道
弟子北海剧陆暹字孟辅
弟子陈留襄邑乐禹字宣举
弟子下邳下邳朱班字宣□
弟子东平宁阳周顺字承□
弟子沛国小沛周升字仲辅
弟子鲁国汶阳陈褒字圣博
弟子汝南平舆谢洋字子让
弟子山阳瑕丘丁瑶字实坚
弟子鲁国戴璋字元珪
弟子鲁国卞王政字汉方

## 八、梁山城关镇馍馍台永康元年墓表残石题记

1983年山东省济宁市梁山县城关镇馍馍台出土了一座石室墓，墓室内有一墓表残石，共七块，其中两块在前室，三块在后室，一块在前室右耳室、一块在后耳室，可以拼对，现藏梁山县文化馆。画像石残高62厘米，残宽42厘米，厚15.6厘米。图像雕刻技法为凿纹地平面线刻。原石残，内容已难确认，只知分层布局，为人物故事。依据残石题记判断此为东汉桓帝永康元年（167）墓。

正面图像部分下为残存隶书题记四行的上部，第一行为“永康元年”。背面图像右侧有隶书题记“此表凡有□一行”，据此，定该画像石为墓表。

图5-11　梁山城关镇馍馍台永康元年墓表残石

## 九、汶上建宁元年衡方碑

该石立于东汉灵帝建宁元年（168）。原在山东汶上县次邱乡中店村，1953年移置泰安岱庙内，现藏山东泰安岱庙东碑廊。碑高240厘米，宽110厘米，厚25厘米。圆形首，饰螭纹，有碑穿，碑额阳文隶书“汉故卫尉卿衡府君之碑”2行10字，二行之间有竖格线。碑23行，行36字不等，隶书。碑阴存题名2列，字甚漫漶。碑阳文曰：

府君讳方字兴祖肇先盖尧之苗本姓□□则有伊尹在殷之世号称阿衡因而氏焉□□□

士家于平陆君之烈祖少以儒术安贫乐道履该颜原兼修季由闻斯行诸砥仁厉义□□□

士阶夷愍之贡经常伯之寮位左冯翊先帝所尊垂名竹帛考庐江太守兄门太守□□□

孝长发其祥诞降于君天资纯懿昭前之美少以文塞敦庬允元长以钦明耽诗悦书□□□

秋仕郡辟州举孝廉除郎中即丘侯相胶东令遵尹铎之导保障二城参国起按斑叙□□□

本肇末化速邮置州举尤异迁会稽东部都尉将继南仲邵虎之轨飞翼轸之旌操参□□□

绥来王之蛮会丧太夫人感背人之凯风悼蓼仪之劬劳寝闇苫凷仍留上言倍荣向哀礼服

祥除征拜议郎右北平太守寻李广之在边恢魏绛之和戎戎戢士佚费省巨亿怀□□□□

静有绩迁颍川太守修清涤俗招拔隐逸光大茅茹国外浮谖淡界缪动气泄狂□□□□□

归来洙泗用行舍臧征拜议郎迁太医令京兆尹旧都余化诗人所咏并有亡新君□□□□

隆宽栗鹑火光物陨霜剿奸振滞起旧存亡继绝恩降干太威肃剥坤本朝录功入登卫□□

翼紫宫夙夜惟寅祎隋在公有单襄穆曲谟之风诏选贤良招先逸民君务在宽失顺其文举

已从政者退就敕巾永康之末君卫孝桓建宁初政朝用旧臣留拜步兵校尉处六师之帅维

时假阶将授绲职受任浃旬庵离寝疾年六十有三建宁元年二月五日癸丑卒诏遣使□□

吊赙礼百寮临会莫不失声其年九月十七日辛酉葬盖雅颂兴而清庙肃中庸起而祖宗□

故仲尼既殁诸子缀论斯干作歌用昭于宣谥以旌德铭以勒勋于是海内门生故吏□□□

采嘉石树灵碑镌茂伐秘将来其辞曰

峨峨我君懿烈孔纯高朗神武历世忠孝冯隆鸿轨不忝前人宽猛不主德义是经韬综颐□

温故前呈揽英接秀踵迹晏平初据百里显显令闻济康下民曜武南会边民是镇惟□□□

忧及退身参议帝室剖符守藩北靖□□有□有声旋守中岳幽滞以荣迈种旧京□□□□

舍泽戴仁□□攸宁克长克君不虞不阳维明维允耀此声香能悊能惠克亮天功入统□□

赳赳光光法言稽古道而后行兢兢业业素丝羔羊闇闇侃侃颙颙昂昂踏规履矩金玉其相

謇謇王臣群公宪章乐旨君子□□无疆铭勒金石□□□□□问□□万世是传　门生平原乐陵朱登字仲希

图5-12　衡方碑原石

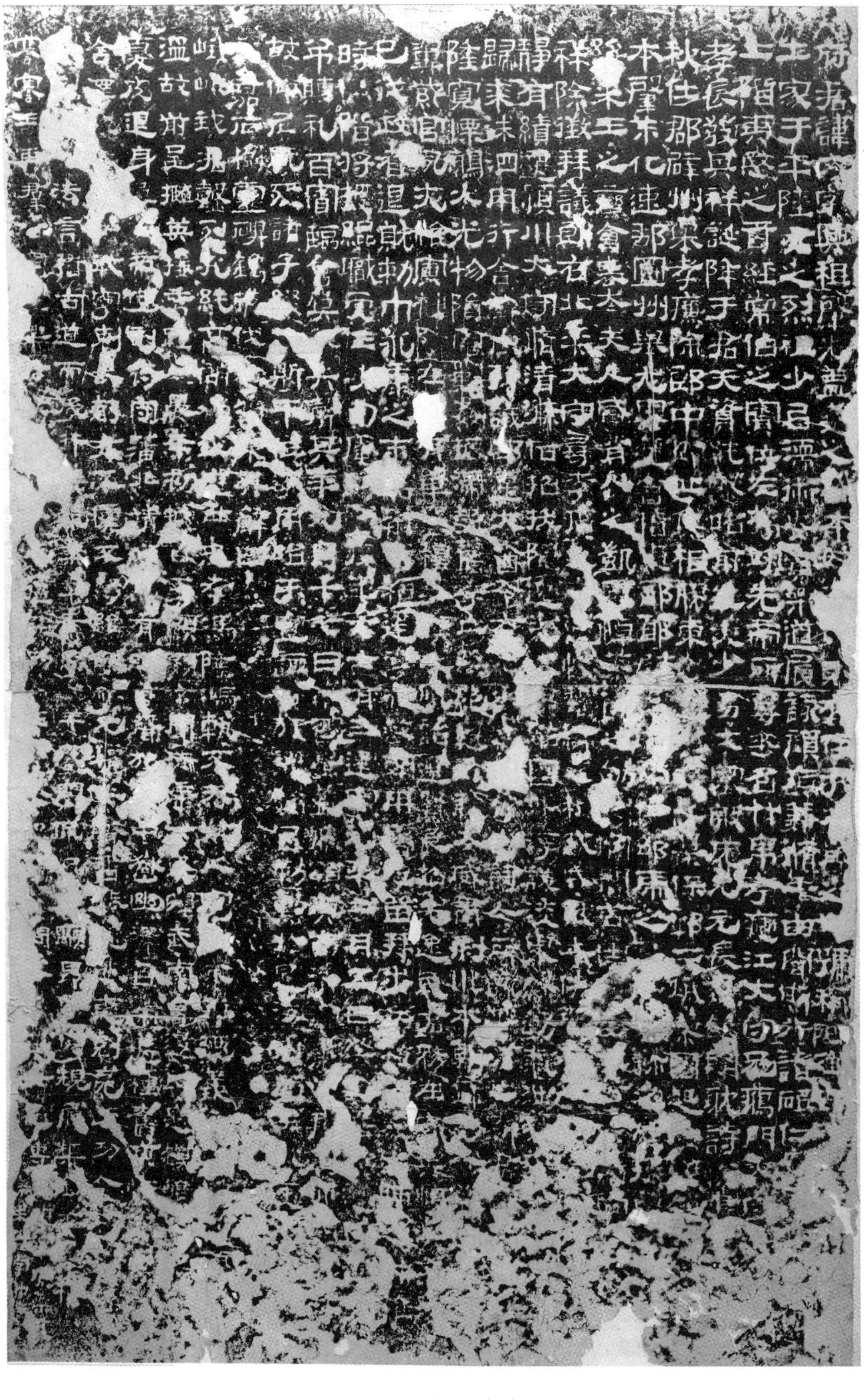

图5-13　衡方碑碑拓

## 一〇、曲阜建宁四年孔彪墓碑

该石于东汉灵帝建宁四年（171）七月立，原在曲阜孔林孔彪墓前，清康熙年间移置孔庙同文门下，1978年移于东庑，现藏曲阜汉魏碑刻陈列馆。碑高283厘米，宽99厘米，厚27厘米。圆首，有碑穿，额题篆书“汉故博陵大守孔府君碑”。碑文隶书，18行，行45字。碑阴刻门生故吏名。

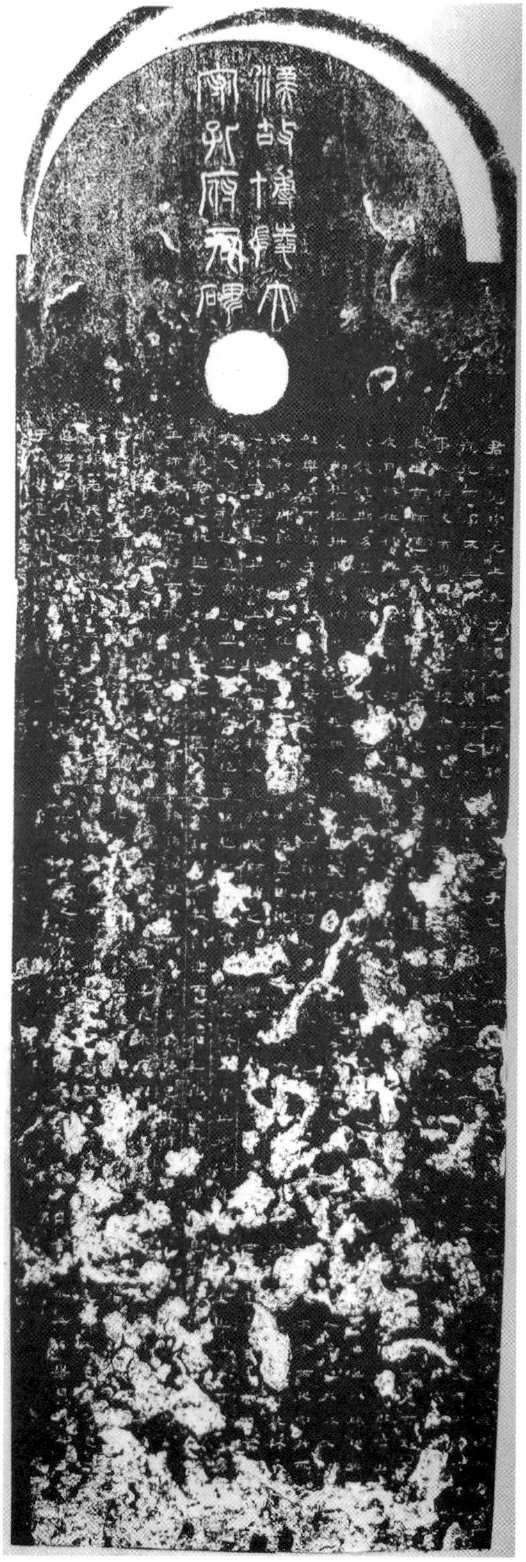

图5-14　孔彪墓碑碑阳拓片

碑阳：

君讳彪字元上孔子十九世之孙颍川君之元子也君少履天姿自然之正帅礼不爽好恶不愆考衷度衷修身践言

龙德而学不至于谷浮斿尘埃之外皭焉汜而不俗郡将嘉其所履前后聘召盖不得已乃翻尔束带弘论穷理直道

事人仁必有勇可以托六授命如毛诺则不宿美之至也莫不归服举孝廉除郎中博昌长疾病留宿□迁□京府丞

未出京师遭大君忧泣逾皋鱼丧过乎哀谨畏旧章服竟还署试拜尚书侍郎无偏无党遵王之素荐可黜否出□□

度日恪位伫所在祗肃拜治书御史膺皋陶之廉恕□□参之□□□□□律只用既平迁博陵大守郡阻山□□□

以饥馑斯多草窃罔不寇贼刘曼张丙等白日攻剽坐家不命君下车之初□五教以博□削四凶以胜残乃□□□

爰向桓桓抍马蠲害丑类已殚路不拾遗斯民以安发号施宪每合天心□之所恶不以强人义

之所欲不以□□百

姓乐政而归於德望如父母顺如流水迁下邳相河东太守举此□□君子风也未怒而惧不令而从云行雨施□□

大和海内归公卿之任矣劳而不伐有实若虚固执谦需以病辞官去位阖□以孝竭情馀暇偾迟弹琴击磬□□□

之味而不改其静上帝棐谌天秩未究将据师辅之纪之纲而疾弥流乃碩乃□年卌九建宁四年七月辛未卒呜呼

哀哉魂神超迈寂兮冥冥遗孤忉绝於嗟想形□□哀逝念不欲生群臣号咷靡所复逞夫逝往不可追兮功□□□

识惟君之轨迹兮如列宿之错置易建八卦揆肴系（写法为车殁系）辞述而不作彭祖赋诗皆赞所见于时颂□于是故吏崔□□□

王沛等伏信好古敢咏显□乃刊斯石钦铭洪基昭示后昆申锡鉴思其辞曰

穆穆我君大圣之胄惇懿允元叡其玄秀惟岳降精诞生忠良奉应郡贡亮彼我□克明王道辩物居方周□□□□

也匹名朝无秕政直哉惟清出统华夏化以典成□猾殄迸贤倚□庭帝重乃勋自□□征所临如神□□□□□□

之翰先民是程宜乎三事金铉利贞而絜白驹俾世愤恻当享眉耇莫匪尔极大□□□邈矣不意于嗟悲兮□□□

息漫漫庶几复焉所力咨乎不朽没而德存伊尹之休格于皇天惟我君绩表于丹青永永无沂与日月并于嗟□□

于以慰灵

**碑阴：**

故吏司徒掾博陵安平崔烈字威考

故吏齐□博陵安平崔恢字行孙

故吏乘氏令博陵安平王沛字公豫

故吏司空掾博陵安国刘德字伯桓

故吏外黄令博陵安国刘杨字子长

故吏白马尉博陵博陵齐智字子周

故吏五官掾博陵安平刘麟字幼公

故吏五官掾博陵安平王瑶字显祖

故吏五官掾博陵安平孟循字敬节
故吏五官掾博陵高阳史应字子声
故吏五官掾博陵南深泽程祺字伯友
故吏五官掾博陵南深泽程祚字元祐
故吏五官掾博陵安国刘机字□阁

## 一一、临淄安乐村熹平五年梧台里石社碑额记

该石立于东汉灵帝熹平五年（176）。该碑在赵明诚、李清照夫妇的《金石录》中已有著录，后不知何故遗失。清末又于山东临淄县（现淄博市临淄区）西南安乐村出

图5-15 临淄安乐村熹平五年梧台里石社碑额记原石

土。出土后为临淄马氏所得，继归济南金石保存所，后藏于山东省立图书馆（今山东省图书馆），现藏山东博物馆。原碑已毁，仅存碑额。碑额高57厘米，宽43厘米。拓片高63.5厘米，宽57.5厘米。

碑阳，篆书题额2行“梧台里石社碑”。额题下有圆碑穿。外有圆顶边栏三道，间饰连弧纹、三角纹。顶有纹饰三道。

图5-16　临淄安乐村熹平五年梧台里石社碑碑阳拓片

碑阴图像雕刻技法为凿纹减地浅浮雕，边栏三道，间饰连弧纹、三角纹。顶有纹饰三道。画面中立一树，树右有一羽人持戟向树而立，树左一人跪坐。树顶上方为一兽头。树根右侧有一猴子向上爬，左侧树枝上有一飞鸟。

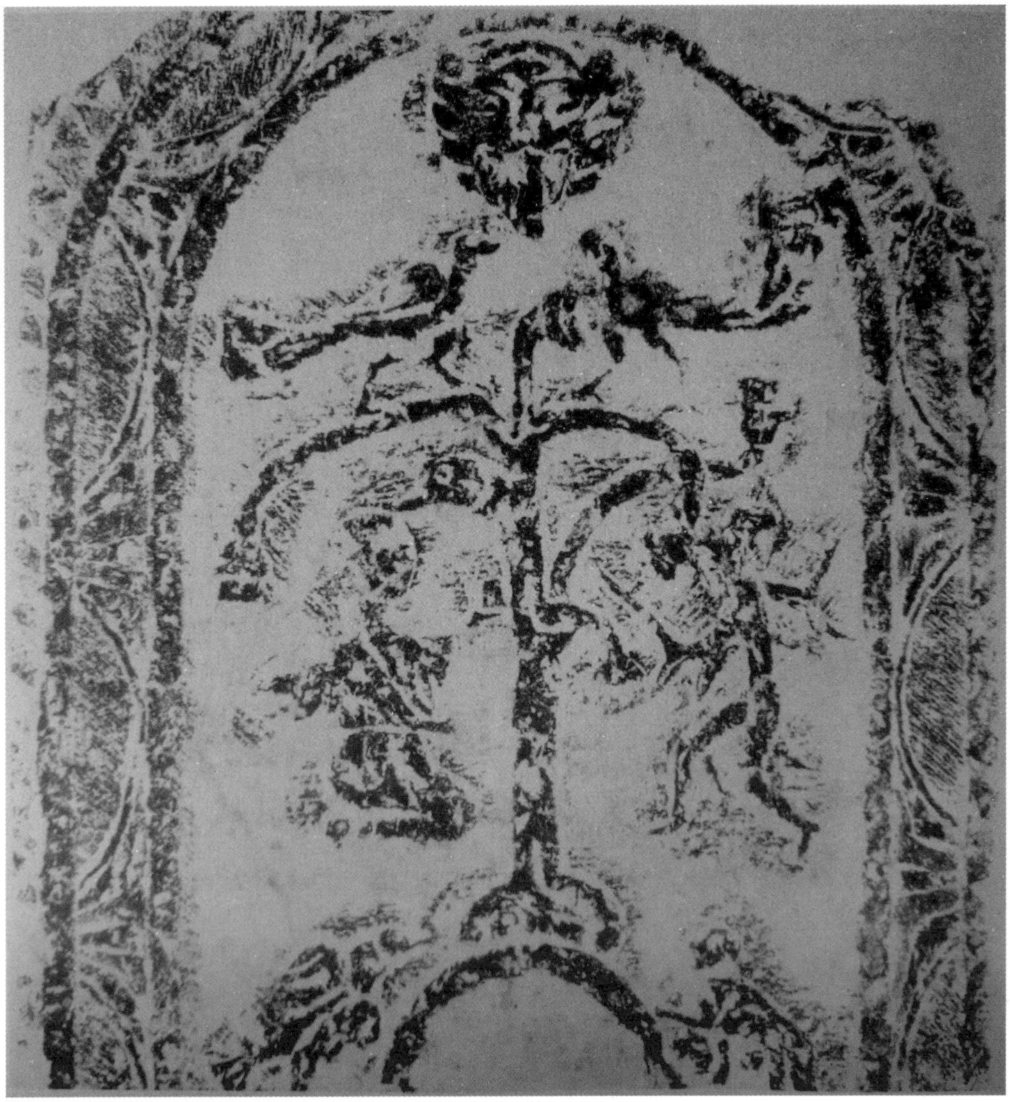

图5-17　临淄安乐村熹平五年梧台里石社碑碑阴拓片

## 一二、平度光和六年王舍人碑

该石立于东汉灵帝光和六年（183），1982年出土于山东省平度县（今平度市）灰卜乡侯家村，现藏平度市博物馆。碑早年断为两截，今存碑首、碑身半截和龟形碑座。碑首圆形，刻蟠螭。碑额阴文篆书“汉舍人王君之”。碑身残高110厘米，宽78厘米，厚21厘米。碑文下部剥蚀甚重，字迹不清。现存180余字，共13行，每行字数不等。文曰：

□从事君之季弟也肇自岐□□□□□□

□以华德清以厉操治尚书欧阳耽思□□

若指诸掌念在探啧索隐穷道极术故不□
灵秘逸之宏议儒林楷式时君伟之郡□□
台之格展浑仪之枢考异察变辄抗疏陈表
位不超等当升难老辅国济民天时错谬□
此百殉彼仓者天歼我良人年卌大命陨终
舍业憔悴感清英之处卑伤美玉之不贾□
故刊石勒铭式昭明德其辞曰：
声芳烈作王臣运天枢厘三辰擿灾咎拨□
道钦明将天飞翼紫宫寿不永丧菁光形□
襟书洪勋昭万軨
光和六年四月己酉立

图5-18　平度光和六年王舍人碑原石

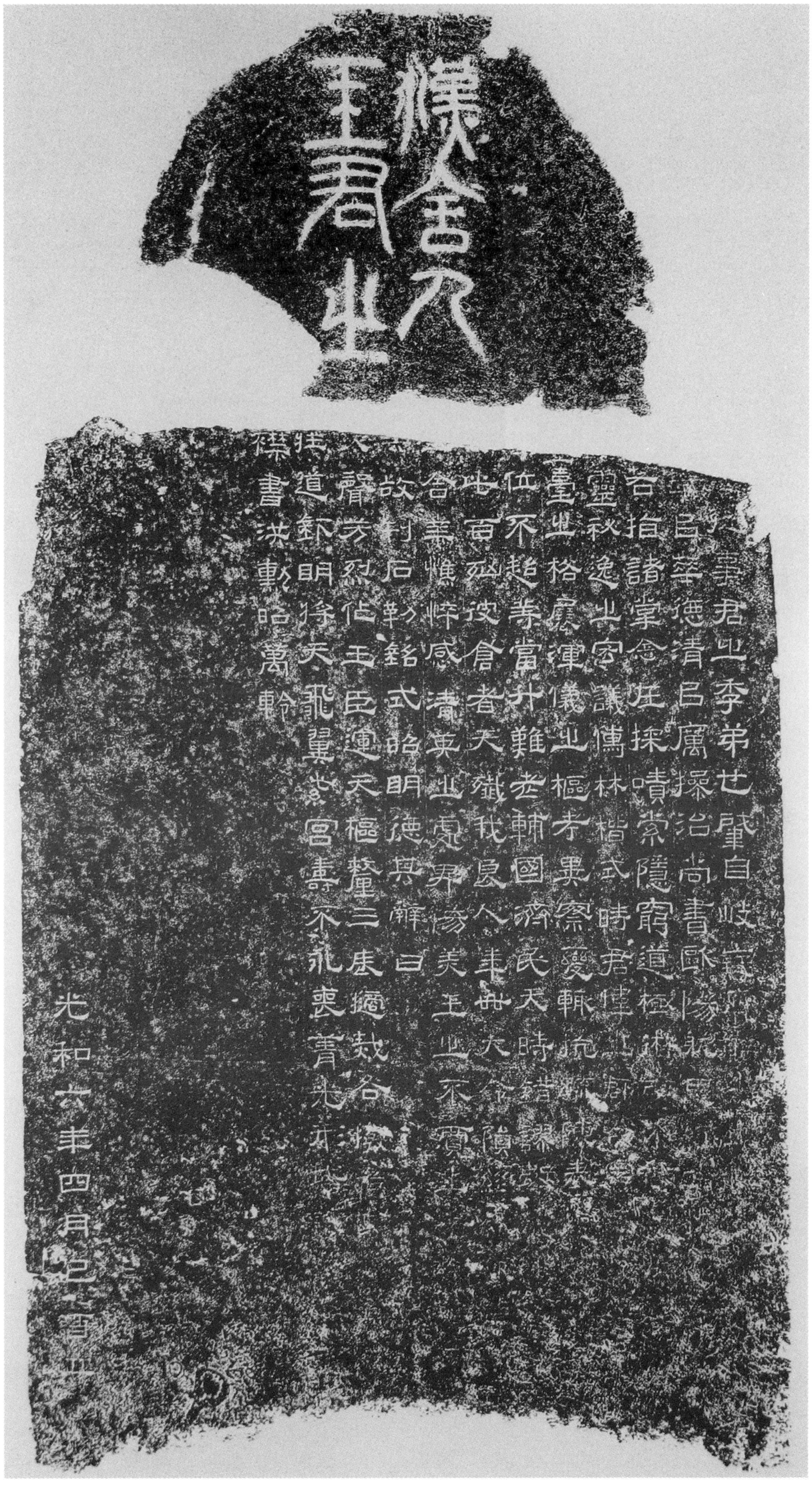

图5-19　平度光和六年王舍人碑拓片

## 一三、泰安中平三年张迁碑

该石立于东汉灵帝中平三年（186），原在山东省东平县旧县镇，明代初年出土，移置东平州学，现收藏于泰安市博物馆。碑高292厘米，宽107厘米，厚22厘米。圆首，周饰龙纹，有穿。额题篆书2行，曰“汉故穀城长荡阴令张君表颂”。碑文隶书，15行，行42字不等。

碑阳：

君讳迁字公方陈留己吾人也君之先出自有周周宣王中兴有张仲以孝友为行披览诗雅焕知其祖高帝

龙兴有张良善用筹策在帷幕之内决胜负千里之外析珪于留文景之间有张释之建忠弼之谟帝游上林

问禽狩所有苑令不对更问啬夫啬夫事对于是进啬夫为令令退为啬夫释之议为不可苑令有公卿之才

啬夫喋喋小吏非社稷之重上从言孝武时有张骞广通风俗开定畿寓南苞八蛮西羁六戎北震五狄东勤

九夷荒远既殡各贡所有张是辅汉世载其德爰既且于君概其缠绨缵戎鸿绪牧守相系不陨高问孝弟于

家中謇于朝治京氏易聪丽权略艺于从畋少为郡吏隐练职位常在股肱数为从事声无细闻征拜郎中除

谷城长蚕月之务不闭四门腊正之祭休囚归贺八月筭民不烦于乡随就虚落存恤高年路无拾遗犁种宿

野黄巾初起烧平城市斯县独全子贱孔蔑其道区别尚书五教君崇其宽诗云恺悌君隆其恩东里润色君

垂其仁邵伯分陕君懿于棠晋阳珮玮西门带弦君之体素能双其勋流化八基迁荡阴令吏民颉颃随送如

云周公东征西人怨思奚斯赞鲁考父颂殷前喆遗芳有功不书后无述焉于是刊石坚表铭勒万载三代以

来虽远犹近诗云旧国其命惟新

于穆我君既敦既纯雪白之性孝友之仁纪行求本兰生有芬克岐有兆绥御有勋利器不觌鱼不出渊国之

图5-20　张迁碑原石

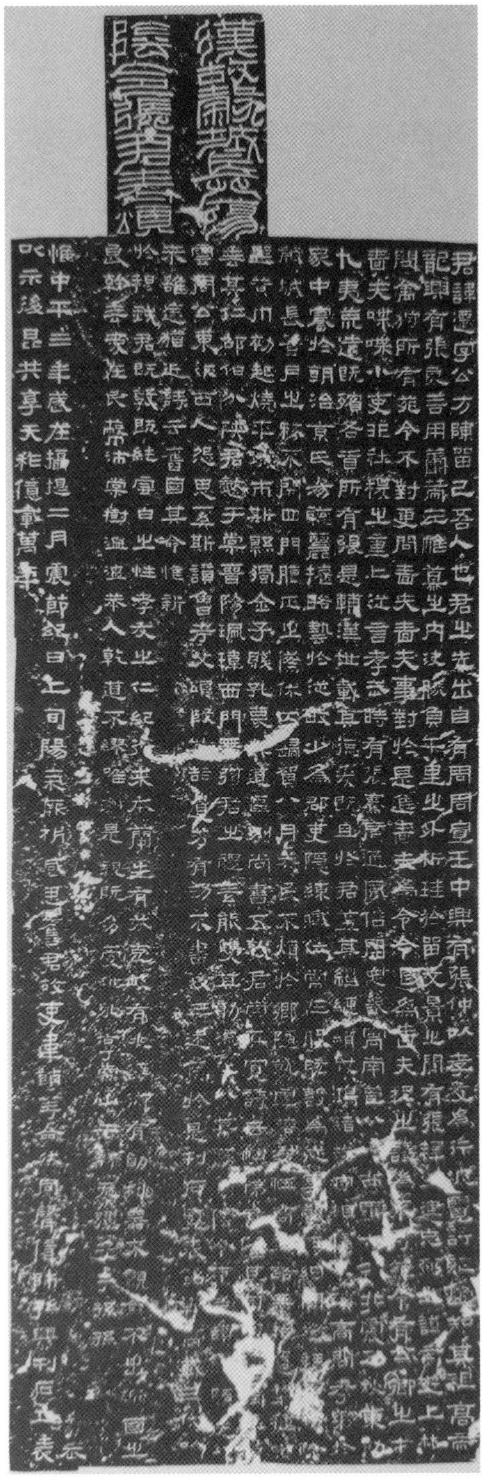

图5-21　张迁碑碑阳拓片

良幹垂爱在民蔽沛棠树温温恭人乾道不缪唯淑是亲既多受祉永享南山干禄无疆子子孙孙

惟中平三年岁在摄提二月震节纪日上旬阳气厥析感思旧君故吏韦萌等佥然同声赁师孙与刊石立表

以示后昆共用天祚亿载万年

碑阴：

故安国长韦叔珍钱五百

故从事韦少王钱五百

故从事韦元雅钱五百

故从事韦元景钱五百

故从事韦世节钱五百

故守令韦叔远钱五百

故守令范伯犀

故吏韦金石钱二□

故督邮范齐公钱五百

故吏范文宗钱千

故吏范世节钱八百

故吏韦府卿钱七百

故吏范季考钱七百

故吏韦伯台钱八百

故吏范德宝钱八百

故吏韦公俊钱五百

故吏泛定国钱七百

故吏韦闰德钱五百

故吏孙升高钱五百

故吏韦公逴钱七百

故吏韦排山钱四百

故吏范巨钱四百

故吏韦义才钱四百

故吏韦辅节钱四百
故吏韦元绪钱四百
故吏韦客人钱四百
故从事原宣德钱三百
故吏韦公明钱三百
故吏范成钱三百
故吏韦辅世钱三百
故吏范国方钱三百
故吏韦伯善钱三百
故吏泛奉祖钱三百
故吏韦德荣
故吏范利德钱三百
故吏韦武章
故吏驱叔义
故吏韦宣钱三百
故吏韦孟光钱五百
故吏韦孟平钱三百
故守令韦元考钱五百

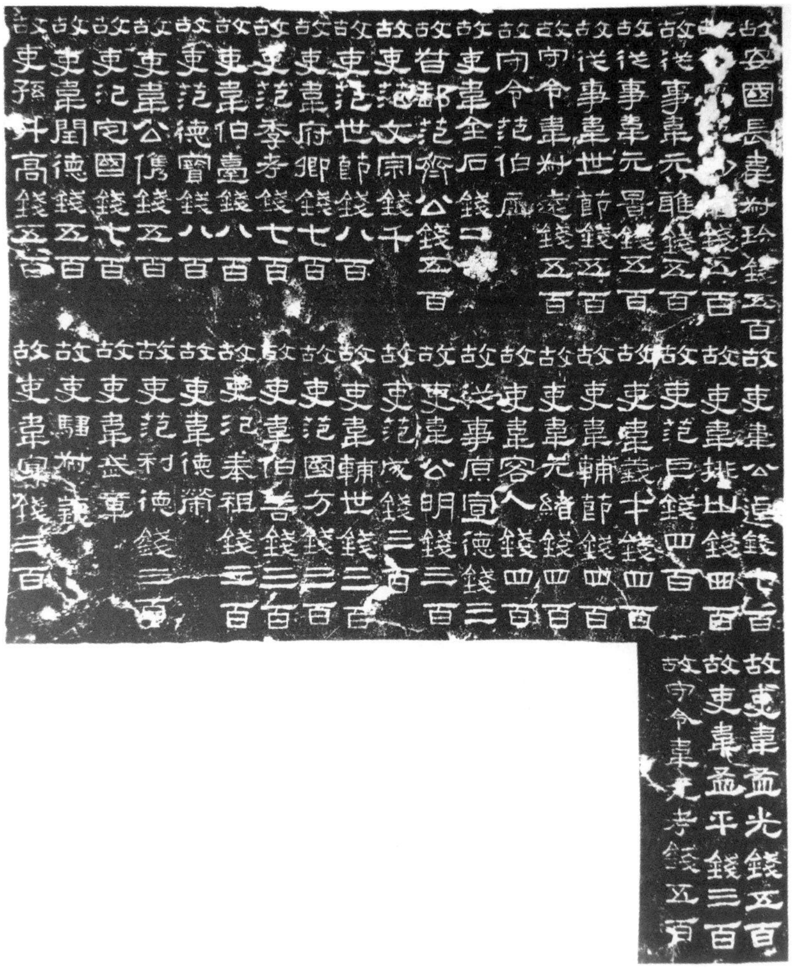

图5-22 张迁碑碑阴拓片

## 一四、曲阜孔褒墓碑

该墓碑无立碑年月，清雍正三年（1725）闽人何琦发现于曲阜城东周公庙旁，衍圣公孔传铎移于孔庙内，现藏曲阜汉魏碑刻陈列馆。碑高235厘米，宽101厘米，厚27厘米。圆首，有碑穿，额题篆书1行10字曰“汉故豫州从事孔君之碑”。碑文隶书，14行，满行30字。剥蚀严重。文曰：

君讳褒字文礼孔子廿世之孙泰山都尉之元子也□□□□□□以□□□
□继德前叶清和挺懿固天□□□□□□幽赞□□治家业春秋□综核□
典篇籍靡遗众琦幼眇为洲为林博学多识□□匪劳是以□□之徒□远□
来历不州郡鳞浮云集者犹观山采玉□□□□故□□□世之名□□□之
□□□□□州□□高察孝廉□从事□□□□□擅名之□□之□爵固辞

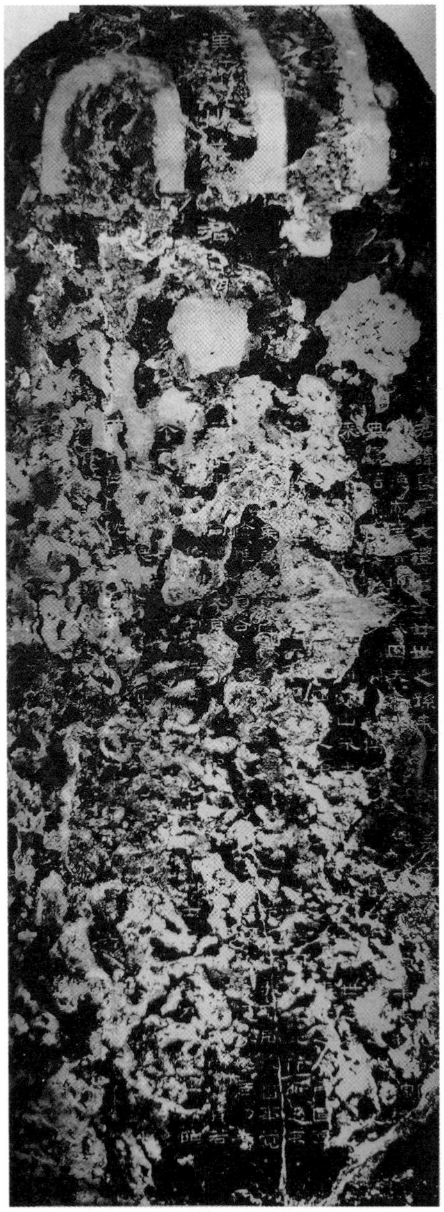

图5-23　孔褒碑局部拓片

峻□以□□□□□□援为□□□□□之□□览□□固□□元节所过夷

□□桀骨栗莫敢藏匿君□□□□□□□□遂□危令济渡穷厄后会事觉

□□□□临难引□各争授命□□□□□□□□□□□□丧子英彦忉乎

□□靡□同怀临险有勇临难□□□□□□□□□□□□□□尚享有若

□□□□□鲁相汝南陈府君□□□之□□掾□士□□□乃□□建碑昭

示不□□□曰

□□□□□德□隆将□旧耀如云如龙□□□□□□□□□□磐□□逢□

百凶仁风既敷□义□□哉□□□□□□□颂此□□与□□□□□□□□

以表□

## 一五、曲阜张曲村汉墓石人题记

该石为立体石像，石人原在曲阜张曲村西大墓前，清乾隆五十九年（1794）阮元将其移入孔庙西侧瞿相圃内，1953年移入孔庙圣时门院内，建亭保护。1996年将石人及亭一同移入曲阜汉魏碑刻陈列馆。

石人之一高254厘米，冕而拱立，腰佩剑。腰下题记2行，篆书，10字，文曰：

汉故乐安大

守鹿君亭长

石人之二高220厘米，双手执殳。腰下题记1行，篆书，4字，文曰：

府门之卒

图5-24　曲阜张由村汉墓石人拓片

# 一六、临淄汉刘汉作石狮题记

石狮为汉代刘汉所作，民国年间于山东临淄出土，旧藏临淄县学署，临淄县民众教育馆收藏，现存山东博物馆。

石狮圆雕，雌、雄各一，残高91.5厘米，残长130厘米，宽48厘米。石质坚硬，浅灰色。雄狮跪姿，昂首，双耳竖立，目视前方，半张口，双耳下有环形须，颏下双缕长须相交。头大身小，粗颈，细腰，脊椎骨隆起，尾、足残。脑后颈部阴刻隶书1行，共14字，文曰：

洛阳中东门外刘汉所作师子一双[①]

图5-25　临淄汉刘汉石狮原石题记

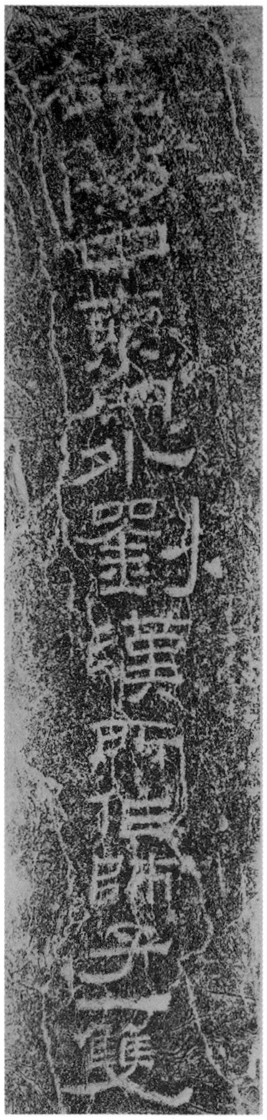

图5-26　临淄汉刘汉石狮题记拓片

① 参见车吉心主编：《齐鲁文化大辞典》，山东教育出版社1989年版，第692页。

## 一七、昌乐曹西楼石俑题记

该石刻于东汉时期，2003年发现于山东省潍坊市昌乐县五图街道曹西楼村，现藏昌乐县文管所。石俑为圆雕，头部残缺，残高65厘米。腹部阴刻隶书1行，曰：

□上食天仓

图5-27　昌乐曹西楼石俑原石

## 一八、东汉建宁二年郭有道碑

该碑原在山西介休县碑主墓前，东汉灵帝建宁二年（169）立，又名郭林宗碑，来历不明，现存济宁市博物馆。碑残高160厘米，宽80厘米，厚14厘米。圭形，有碑穿。额题阴刻篆书6字，已残去，穿仅余一半。碑阴为汉画像。

碑阳隶书15行，行32字，文曰：

先生讳太字林宗太原介休人也其先出自有周王季之穆有虢叔者寔有懿德文

王咨焉建国命氏或谓之郭即其后也先生诞膺天衷聪睿明哲孝友温恭仁笃慈惠夫其器量弘深姿度广大浩浩焉汪汪焉奥乎不可测已若乃砥节厉行直道正辞贞固足以干事隐括足以矫时遂考览六经探综图纬周流华夏随集帝学收文武之将坠拯微言之未绝于时缨緌之徒绅佩之士望形表而影附聆嘉声而响和者犹百川之归巨海鳞介之宗龟龙也尔乃潜隐衡门收朋勤诲童蒙赖焉用祛其弊州郡闻德虚己备礼莫之能致群公休之遂辟司徒掾又举有道皆以疾辞将蹈鸿涯之遐迹绍巢许之绝轨翔区外以舒翼超天衡以高峙禀命不融享年四十有二以建宁二年正月乙亥卒凡我四方同好之人永怀哀悼靡所置念乃相与惟先生之德以谋不朽之事佥以为先民既没而德音犹存者亦赖之于见述也今其如何而阙斯礼于是树碑表墓昭铭景行俾芳烈奋于百世令问显于无穷其辞曰

於休先生明德通玄纯懿淑灵受之自天崇壮幽浚如山如渊礼乐是悦诗书是敦匪惟摭华乃寻厥根宫墙重仞允得其门懿乎其纯确乎其操洋洋搢绅言观其高栖迟泌丘善诱能教赫赫三事几行其招委辞召贡保此清妙降年不永民斯悲悼爰勒兹铭摛其光耀嗟尔来世是则是效

图5-28　东汉郭有道碑碑阴拓片

碑阴为汉画像。画面分左右两格，中间以装饰栏分隔。右边画面刻二层楼阁，一层五人，画面中部二人，一人弹琴，一人舞蹈，左右三人皆坐，做鼓掌状；二层刻画三人，皆正面而坐；楼阁左侧刻一树。左边画面中部刻一大树，树上左右两侧为飞鸟，树下二人开弓仰射。①

## 一九、沂南三山沟村元凤年间凤凰刻石

该石刻于西汉昭帝元凤年间（前80—前75），亦称鲍宅山凤凰画像题字，俗称“凤凰石”，位于山东省临沂市沂南县铜井镇三山沟村东南。两石拔地而起，雕刻技法为在原生糙砂石面上施阴线刻。

其一，高150厘米，宽约140厘米，上刻凤凰一只，高10厘米，长12厘米，画像左侧隶书刻“三月七日凤”“东安王钦元”“元凤”12字。

其二，高55厘米，宽约50厘米。上刻凤凰一只，高30厘米，长24厘米，高冠、大尾、长腿。画像左上角隶书刻“凤凰”2字。②

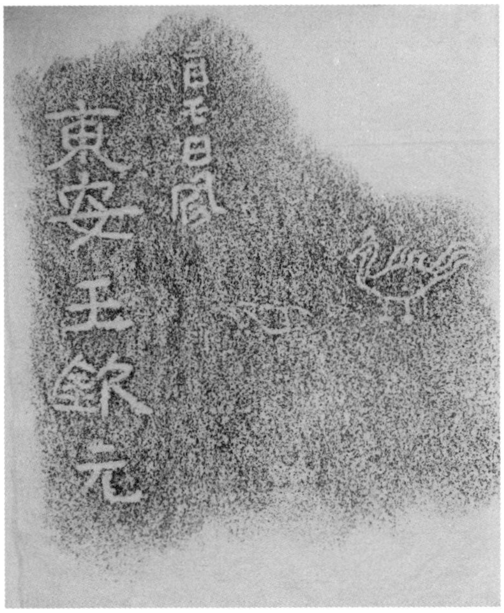

图5-29　沂南三山沟村元凤年间凤凰刻石（其一）拓片

图5-30　沂南三山沟村元凤年间凤凰刻石（其二）拓片

① 参见宫衍兴编著：《济宁全汉碑》，齐鲁书社1989年版，第208页。

② 参见车吉心主编：《齐鲁文化大辞典》，山东教育出版社1989年版，第674页。

## 二〇、嘉祥武氏墓群石刻武荣碑

图5-31　嘉祥武氏墓群石刻武荣碑原石

该石未题年月，为汉武氏墓群石刻之一，碑原在碑主墓前，清乾隆五十一年（1786）黄易主持移置济宁。现藏济宁市博物馆汉碑室。

石高243厘米，宽84厘米，厚26厘米。碑额圭形，有碑穿，减地刻，文字凸起。碑额隶书2行，10字，文曰：

汉故执金吾

丞武君之碑

碑阳行文，隶书，10行，行31字不等，全文274字，占全碑三分之一，余空白，碑阴无字。①

该碑文局部漫漶，据《隶释》卷十二《执金吾丞武荣碑》载，文曰：

君讳荣字舍和治鲁诗经韦君章句阙帻传讲孝经论语汉书史记左氏国语广

学甄微靡不贯综久游大学口然高厉鲜于双匹学优则仕为州书佐郡曹史主簿督邮五官椽功曹守从事年卅六汝南蔡府君察举孝廉口口郎中迁执金吾丞遭孝桓大忧□守玄武□哀悲恸加遇害气遭疾陨□口口口口君即吴郡府卿之中子敦煌长史之次弟也廉孝相承亦世载德不忝口口口口命口不竟台衡盖观德于始述行于终于是刊石勒铭垂示无穷其辞曰

① 参见宫衍兴编著：《济宁全汉碑》，齐鲁书社1989年版，第63页

天降雄彦资才卓茂仰高钻坚允文允武内□三署外□师旅□勒屯守□威□武□旗降天雷震电举□耀赫然陵惟哮□当遂股肱□之元辅天何不□降此□咎痛乎我君仁如不寿爵不副德位不称功咸□伤怆远近哀同□没□□万世讽诵

图5-32　嘉祥武氏墓群石刻武荣碑拓片

# 后　记

因工作需要，笔者从汉任城王墓管理所调到济宁市考古研究室从事文物考古研究工作，其间参与山东博物馆的国家文物局课题“山东馆藏汉石椁画像调查与研究”，在山东省内各博物馆和各地画像石收藏单位调研时，积累了丰富的画像石题记资料；又先后参加嘉祥旷山画像石墓、嘉祥竹园汉壁画墓等考古发掘工作，在旷山汉墓中也发现多处画像石题记。在整理发掘报告过程中，出于对书法的热爱，笔者被画像石上灵动的隶书文字深深吸引，从而产生浓厚的兴趣，随着时间的推移和资料的积累，渐渐萌生了编著本书的想法。

在对山东省馆藏画像石调查、测绘、记录时，遇到了不少问题。现存的画像石，大多没经科学考古发掘，有的几经辗转在省外文物收藏单位保存，有的甚至流失到国外，除看不到原石外，复原当时的原始状态和环境等信息几乎也是不可能的。由于汉画像石历经近两千年的自然风化和人为破坏，其上文字和图案大多漫漶不清，除文字释读起来较为困难外，获得拓片和原石高清照片等第一手资料也很困难，这给书稿的编写带来了诸多的障碍。这些重重困难，最终都得以克服，书稿终于如期完成。

本书的顺利出版，首先要感谢李郁先生的知遇之恩，以及时常的鞭策与鼓励，使笔者在专业道路上受益终身。其次，感谢陕西人民美术出版社编辑朱孟娟女士，在她不辞劳苦的多次申报下，该项目终于成功入选2020年度全国古籍整理出版资助项目；之后，在高立民主任的主持下，王敏女士等的精益求精、不惮烦劳的编校使本书的质量得以保障。

感谢济宁市文物保护中心领导对笔者业务考察、专业技术研究等方面一如既往的理解和支持；衷心感谢同事赵洪磊、高灿灿馆员、硕士研究生董笑函女士协助我完成整理文稿、拍摄图片和查阅文献资料等工作。东北林业大学副教授、文学博士陈晓媛对概述部分做了修改。故宫博物院书画组秦明研究员、北京大学汉画研究所徐呈瑞博士、山东省文物考古研究院王子孟博士、山东水下考古中心杨勇副主任、山东博物馆李宁、临沂市博物馆李斌研究馆员、博兴县博物馆张淑敏馆长、滕州市汉画像石馆燕燕燕副馆长、兰陵县博物馆金馆长、东平县博物馆杨浩副馆长提供了部分画像石原石及拓片照片资料，国家博物馆原副馆长、研究馆员，中国美术家协会理事，中国汉画学会会长陈履生先生为本书题写了书名，在此一并表示感谢。

由于水平有限，在引用材料，选择图像和文字资料时，有不尽完善之处，希望书稿付梓之后，能得到广大专家、学者的批评指正。